Dieter Dresen / Herbert Reichelt (Hrsg.)

Die besten Kugel-Schreiber 2018

»Wachtberger Kugel – Preis für komische Lyrik«

Das Werk einschließlich aller seiner Teile ist urheberrechtlich geschützt.

1. Auflage: Januar 2018

Grafik für den Buchumschlag: Maria Kontz

© bezüglich der Texte: by Kid Verlag und den AutorInnen
© bezüglich der Grafik für den Buchumschlag:
by Kid Verlag und Maria Kontz

Kid Verlag
Samansstr. 4, 53227 Bonn

ISBN: 978-3-929386-81-3

Inhaltsverzeichnis

	VORWEG GESAGT	13
	Geleitwort der Wachtberger Bürgermeisterin	13
	Vorwort der Herausgeber	14
I.	ES WERDE EIN GEDICHT …	17
	Martin Möllerkies: Memento	17
	Horst Reindl: Gedicht zum Selbermachen	17
	Stefan Pölt: Neulich an der Reimtheke	18
	Dieter Brandl: zu bedenken	19
	Günter Sopper: Steputat	19
	Martin Köhler: Immer in Gedichten	20
	Franziska Bauer: Von rückwärts gelesen	21
II.	FAST WIE IM RICHTIGEN LEBEN	23
	Andreas Kley: Vage Antwort	23
	Harald Kainzbauer: Wochenende	23
	Dirk Tilsner: Geduld ist alles	24
	Angelica Seithe: Zur Sache:	25
	Norman P. Franke: Beantwortung der Frage, warum eine Bremerin kein Trinkgeld wollte	25
	Joachim Rademacher-Beckmann: Standort	26
	Jörn Heller: Navihass	26
	Horst Reindl: Korrespondenz mit meiner Bank	27
	Edmund Ruhenstroth: Amors Pfeil	28
	Volker Henning: Juckreiz	28
	Andreas Kley: Herr Schmitt	29
	Achim Amme: Wiegenlied (ein Rondo)	30
	Marlies Blauth: Hektor	31
	Katharina Lankers: Jahresrückblick eines Motzköttels	32

Dirk Tilsner: Wen meinst du? 36
Armin Elhardt: Liebesmahl 37
Armin Elhardt: Fehlwurf 37
Jens Urban: Lebensjahre 38
Günter Dtero: Wenn der Sommer tönt 39
Martina Anschütz: Spiegelbild 40
Jörn Heller: Gesichtgedicht 41
Monika Clever: Keine halben Sachen 41
Dieter Brandl: neuer Schal 42
Udo Skomorowsky: Flughafenblues 42
Elisabeth Kuhs: Gartenfreuden 43
Georg Klinkhammer: Ein Mann (und der falsche Ort) 43
Jürgen Miedl: Gegen Blumen 44
Helena Maria Beuchert: Vernünftig 45
Frank Giesenberg: Kadarka 46
Harald Jöllinger: Es geht vorbei 47
Walther Stonet: Millionen 47
Stefan Pölt: Zusammentreffen 48
Stefan Pölt: Berühmte Dialoge 49
Elisabeth Jumpelt: Die Talkshow 50
Frank Giesenberg: Der Boxkampf 53

III. HEUTE BLEIBT DIE KÜCHE KALT 55
Dieter Brandl: schelm 55
Stefan Pölt: Nur keine Hektik! 56
Carsten Stephan: Schokoladenhai 57
Jörn Heller: Lieblingsgericht 58
Achim Amme: Gäste 59

Inhalt

IV. WENN DIE FERNE RUFT (ODER AUCH DAS NAHE) 61
Erich Carl: Wohin? 61
Lothar Becker: Sommertag am Meer 62
Dieter Brandl: meer erotik 63
Frank Giesenberg: Sehnsucht 63
Christian Engelken: Hannover an der Leine 64
Andreas Kley: Hildes Heim 64
Uwe Hartmann: Verführung in Bielefeld 65
Jörg Borgerding: Kakteen für die Welt 65

V. VERLIEBT, VERLOBT, VERHEIRATET UND SCHLIMMERES 67
Volker Teodorczyk: Konsequenz 67
K. U. Robert Berrer: Ende eines Landgangs 68
Monika Clever: Aus den Memoiren v. Tante Hortense 69
Monika Clever: Magisches Denken 69
Marita Bagdahn: Tierisch verliebt 70
Gerd Bießmann: Liebe in Wachs 71
Stefan Draeger: Übertherapiert 71
Siegfried Schüller (ohne Titel) 72
Georg Klinkhammer: Wiederholungstäter 72
Jörg Borgerding: Ein Abend der Liebe 74
Stefan Pölt: Unpassend? 76
Dieter Brandl: perfekte Ehe 77
Edmund Ruhenstroth: Selbstbewusst 77
Peter Häring: Sissi – Flegeljahre einer Kaiserin 78
Elisabeth Kuhs: Gefunden 79
K. U. Robert Berrer: Schwierige Lage 80
Horst Reindl: Striptease 81
Michael Wäser: Übung im Konjunktiv 82
Andrea Rau: Bis dass der Tod sie scheidet 83
Elisabeth Kuhs: Dem Reinen ist alles rein 84

Inhalt

VI. GOTT UND DIE WELT – SCHÖPFUNG UND KIRCHE 85
  Erich Carl: Das Jüngste Gericht 85
  Wolfgang Rödig (ohne Titel) 86
  Jörg Borgerding: Luther in Wittingen 87
  Martin Möllerkies: Aus den Geheimarchiven des Vatikans:
    Private Korrespondenz der Päpste 88
  Katharina Lankers: Der Konfirmator 90
  Jörn Heller: Pater Gereon 91
  Christian Schomers: Vorschlag zur Verbesserung
    der Schöpfung 92
  Norbert Leitgeb: Schrecklicher Verdacht 94

VII. DER TOD UND ANDERE UNANNEHMLICHKEITEN 95
  Jörn Heller: Letzter Wille 95
  Andreas Kley: Katholische Variante 96
  Andreas Kley: Heines Tod 97
  Nikos Saul: Als er einmal hungrig über den Kölner
    Südfriedhof ging 98
  Georg Klinkhammer: Ein Mann (hatte die Lösung) 98
  Manfred Rothengatter: Suizid 99
  Walther Stonet: Leiter 100
  Horst Reindl: Tragödie 100
  Katharina Lankers: Kleines Drama beim großen Frühstück 101

VIII. NEUES AUS DER PHYSIK 103
  Volker Henning: Die Standuhr 103
  Günter Detro: Das Pendel, das nicht mehr wollte 104
  Peter Häring: Der Wasserfall 105
  Volker Henning: So ein Käse 106
  Susanne Fuß: Die Teilchenfalle 107
  Elisabeth Kuhs: Sekundenkleber 108
  Horst Reindl: Wechselstrom 109
  Michael Köhler: Ruhm-Fahrt 109

Inhalt

IX.	**DIGITALYRISCH**	111
	Jürgen Miedl: #Gedichtmit140Zeichen	111
	Frank Giesenberg: Anregung für den Dichter von seinem Leser	111
	Fritz-J. Schaarschuh: Internetadressen	112
	Jörn Heller: Pixeltherapie	113
	Heike Dahlmanns: Das elfte Gebot	114
	Elisabeth Jumpelt: Ich habe eine kleine Maus	115
X.	**SCHWER IST SO EIN DICHTERLEBEN**	119
	Andreas Kley: Vernichtung durch Dichtung	119
	Monika Clever: Erkenntnis des zweisprachigen Poeten bei der Schreibblockade	120
	Achim Amme: Unter Dichtern	120
	JE: Dichter	121
	Joachim Rademacher-Beckmann: Lebenswerk	121
	Volker Henning: Dichterknaben	122
	Georg K. Berres: Der Dichter	122
XI.	**SO TIEF DER SINN ...**	123
	Jan-Eike Hornauer: Am Ende oder: Ein Weg des Scheiterns in der Wissenschaft	123
	Evelyn M. Meessen: Guter Rat	123
	Alexander Mühlen: Ganzheitlich	124
	Thomas Platzbecker: Psychiatrische Diagnose	124
	Lothar Becker: Der Sinn des Lebens	125
	Marlies Kalbhenn: Dass aller Anfang schwer	125
	Frank Giesenberg: Das kurze Lied der Abkürzer	126
XII.	**KUNST UND KUNST-LICHES**	127
	Martin Möllerkies: Pablo Picasso: Nu accroupi	127
	Joachim Rademacher-Beckmann: Traurig, aber wahr: Paris Hilton	128
	Gerd Bießmann: Buchstäblich Zierde	128

Jens Urban: Der Photo-Graph	130
Martin Möllerkies: Erfunden	130

XIII. TIERISCH GUT 131

Horst Reindl: Brehms Tierleben	131
Monika Clever: Alpha Tiere	132
Horst Reindl: Tierforscher	133
Peter Weimer: Die Nachtigall	133
Monika Clever: Artenschutz	134
Volker Henning: Der Pillendreher	134
Renate Buddensiek: Die arme Brillenschlange	135
Christian Engelken: Stinktier und Waschbär	135
Katharina Lankers: Kauziger Wald	136
Jens Urban: Die Spinne	137
Monika Clever: Der Aufreißer	138
JE: Die Angebetete	138
Jörn Heller: Sinnlos	139
Susanne Fuß: No body is perfect	139
Manfred Rothengatter: Ode auf den Regenwurm	140
Jan-Eike Hornauer: Begegnung auf dem Meer	141
Martin Möllerkies: Nur die allerdümmsten	142
Christian Schomers: Der Haifisch	143
Jörn Heller: Kuhgedicht	143
Stefanie Endemann: Der Hund und seine Kritiker	144

XIV. SPIELFREUDE 145

Erich Carl: Teekesselchen, heterographisch	145
Johann Seidl: Wenn Worte fallen	145
Martin Möllerkies: Ach Saskia	146
Martin Möllerkies: Soso	147
Elisabeth Kuhs: Nachbarschaftlich	148
Martin Möllerkies: Vom Verlust	148
Andreas Graf: Sach ma n Satz mit ...	149

Inhalt

Peter Weimer: Dichten nach Zahlen: So oder so 150
Fritz-J. Schaarschuh: Un/ermüdlich und Co. 151
Fritz-J. Schaarschuh: In Klammern 151
Alex Dreppec: Autowaschstraßenfahrt auf andere Art 152
Bastian Klee: Dieses Gedicht verdient keinen Titel 152
Thomas Platzbecker: Genderproblem 153
Monika Clever: Absurd ist 153
Monika Clever: Alles eine Frage der Definition 154
Helmut Glatz: Verdreht 155
Helmut Glatz: Professor Rockensiefs Socken 155
Rüdiger Butter: Wohnmobil an der roten Ampel 156
Rüdiger Butter: Schmerzhafter Tisch 156
Dieter Brandl: fest im sattel 156
Frederike Frei: Drei Grazien 157
Frederike Frei: Im Wald 157
Susanne Fuß: Punktlandung 157
Birgit Jennerjahn-Hakenes: Anleitung zum Glücklichschein 158
Dieter Brandl: bier und cola 158
Dieter Brandl: pirat 158
Gerhard P. Steil: Sechsundzwanzig Honigbienen 159
Heike Nieder: Hochmut kommt vor dem Fall 160

XV. BEI GROßEN VORBILDERN REINGESCHAUT 161
Andreas Graf: Effi Briest *(Kurzfassung)* 161
Andreas Graf: Modern Songbook 162
Elisabeth Kuhs: Noah und die Arche 164
Marlies Kalbhenn: Reim oder nicht Reim – das ist hier
die Frage 167
Frederike Frei: Der Bumerang 169
Martin Möllerkies: Dichter im Gespräch 170
Norman P. Franke: Über ein folgenreiches
Literaturgespräch in Prag 170
Anne Riegler: Der Kerlkönig 171

Inhalt

Peter Umland: Der Dichter Gerhart Hauptmann
oder: Die Tücken einer Künstlermähne   172
Peter Umland: Johann Wolfgang von Goethe
nebst Freund Eckermann   173
Achim Amme: Eckermann verkehrt   174
Horst Reindl: Dichter und Klempner   175
Frank Giesenberg: Schillers Grab   176
Christian Schomers: Soll ich mal ein Gedicht aufsagen?   178

XVI. KRIMINALYRISCH   179
Peter Weimer: Küchenkrimi   179
Jutta Wilbertz: Schwedenthriller   180
Manfred Rothengatter: Mozzarella Mafiosi   182

XVII. AM KLAPP HORN VON LIMERICK   183
Didi Costaire: Bierzeiler   183
Siegfried Schüller: Limericks   184

AUTORINNEN UND AUTOREN   187

DIE MITWIRKENDEN KÜNSTLERINNEN UND KÜNSTLER   201

DIE JURY DES WETTBEWERBS   202

Vorweg gesagt

»Vielleicht ist dies ja der Beginn einer wunderbaren Erfolgsgeschichte«, so hatte ich im vergangenen Jahr in meinem Geleitwort zum ersten »Kugel-Schreiber-Band« vorausgeahnt. Und im zweiten Jahr dürfen wir wohl feststellen: Ja, das war wirklich der Beginn einer wunderbaren Erfolgsgeschichte!

Erneut haben sich mehr als 400 Autorinnen und Autoren am Lyrikwettbewerb »Wachtberger Kugel« beteiligt – gestandene und erfahrene Dichter, aber ebenso zahlreiche Hobbypoeten, von denen etliche sich erstmals um einen solchen Preis beworben haben. Aber ist dieser Wettbewerb denn nicht auch begeisterungswürdig? Eine Plattform für Schriftsteller und Freizeitdichter, die sich der Tradition des reim- und metrumgetragenen komischen Gedichts verschrieben haben! Und dass so viele Dichterinnen und Dichter gern an Wilhelm Busch, Joachim Ringelnatz, Heinz Erhardt und viele andere große Vorbilder der komischen Lyrik in Deutschland anknüpfen, zeigt auch die zweite Anthologie der »Wachtberger Kugel« deutlich genug. Es ist erneut eine Freude, die vielen wunderbar komischen, aber auch hintersinnigen Gedichte zu lesen.

Für die Gemeinde Wachtberg ist dieser »Preis für komische Lyrik« zweifellos eine Bereicherung ihres kulturellen Lebens. Der Preis ist aber zugleich ein kleines Aushängeschild außerhalb der Gemeindegrenzen. Und dass der Ruf der »Wachtberger Kugel« inzwischen sogar bis Neuseeland reicht, ist fraglos ein schöner Seiteneffekt der Globalisierung und des Internets.

Ihnen, liebe Leserinnen und Leser, wünsche ich bei der Lektüre dieses Sammelbandes komischer Gedichte des zweiten Lyrikwettbewerbs »Wachtberger Kugel« viel Vergnügen.

November 2017
Renate Offergeld, Bürgermeisterin der Gemeinde Wachtberg

Vorwort der Herausgeber

Nun ist er also zum zweiten Mal erfolgreich gelaufen – der Wettbewerb »Wachtberger Kugel – Preis für komische Lyrik«. Noch immer staunen wir über die riesige Resonanz, die wir auf unsere Ausschreibung erhalten haben. Das galt natürlich in besonderer Weise für die erste »Wachtberger Kugel 2017« mit über 500 Einsendungen aus ganz Deutschland; das gilt aber nicht minder für die aktuelle »Wachtberger Kugel 2018«, zu der uns 411 Autorinnen und Autoren ihre Gedichte eingeschickt haben.

Und weil wir nach den Erfahrungen aus dem vergangenen Jahr, als uns auch Beiträge aus der Schweiz, aus Österreich und den Niederlanden erreichten, keine regionalen Begrenzungen mehr ausgerufen haben, freuen wir uns im aktuellen Wettbewerb auch über Teilnehmerinnen und Teilnehmer aus fast »aller Herren Länder«, genauer gesagt erneut aus der Schweiz, aus Österreich und den Niederlanden, darüber hinaus aber auch aus Dänemark, Frankreich, Spanien, Portugal und Russland. Und sogar aus Neuseeland hat sich ein Autor beteiligt, der es zu unserer Freude auch in die neue Anthologie geschafft hat. Die »Wachtberger Kugel« wird international :-).

Für unsere Jury *(siehe S. 202)* gab es also auch dieses Mal allerhand Lyrikstoff zu verarbeiten und zu bewerten. Und wir sind den Jury-Mitgliedern dankbar, dass sie sich von der überraschenden Textflut des vergangenen Jahres nicht haben abschrecken lassen, sondern sich allesamt auch für den aktuellen Wettbewerb wieder zur Verfügung gestellt haben. Ganz herzlicher Dank also an Hans-Jürgen Döring, Erwin Ruckes, Anja Rüdiger, Michael Schmid-Ospach und Hans Weingartz.

Unser Dank gilt aber auch dem »Drehwerk 17/19« und der Familie Knorr, die uns erneut kostenfrei ihre Kabarettbühne für die Preisverleihung am 13. Januar 2018 zur Verfügung gestellt hat.

Ganz besonders danken wir natürlich allen Autorinnen und Autoren, die sich am Wettbewerb beteiligt haben. Wir hätten aufgrund der Qualität der eingesandten Beiträge noch viele weitere Gedichte und Autor/innen in die nun vorliegende Anthologie aufnehmen können. Einzig die Tatsache, dass wir den Umfang des Buches nicht überziehen wollten, hat uns daran gehindert. Ebenso hätten es sicherlich mehr als sechs Autorinnen und Autoren verdient, ihre Gedichte in der Abschlussveranstaltung am 13. Januar 2018 vorzutragen. Allerdings hat die Erfahrung aus dem ersten Wettbewerbsjahr gezeigt, dass die Begrenzung notwendig ist, um die Veranstaltung in einem zeitlich vertretbaren Rahmen zu halten.

Unser Dank richtet sich aber auch an alle Unterstützer/innen des Wettbewerbs, allen voran an Frau Bürgermeisterin Offergeld und an die Wachtberger Gemeindeverwaltung, namentlich Frau Frech, Frau Märtens und Herrn Fuchs, aber ebenso an die Sponsoren (Kulturförderverein »KuKiWa«, Städte- und Gemeinden-Stiftung der Kreissparkasse Köln im Rhein-Sieg-Kreis, Raiffeisenbank Voreifel, enewa). Und natürlich hat uns ganz besonders gefreut, dass der Adendorfer Töpfer Peter Hansen bereit war, uns erneut »Preis-Kugeln« zu töpfern, dass wir mit dem Villiper Kunsthandwerker Josef Kemp einen zweiten »Preiskugel-Spender« gewinnen konnten und dass die Wachtberger Künstlerin Maria Kontz uns das schöne Bild für den Buchumschlag geschaffen hat.

Wir haben lange überlegt, ob wir den Titel der Anthologie jährlich variieren sollten. Die »Kugel« bietet ja auf den ersten Blick eine ganze Reihe von Möglichkeiten, »komische Attribute« zu setzen: »Kugelig lachen«, »Zum Kugeln« usw. Aber zum einen haben wir befürchtet, nach wenigen Jahren nur noch krampfhaft eine komische Kugel-Variation finden zu können, die dem Wettbewerb gerecht wird, und zum anderen ist der Wiedererkennungseffekt, den wir mit dem Beibehalten der »Kugel-Schreiber« erreichen, letztlich doch ein Gewinn.

Wir möchten die »Kugel-Schreiber« also zu einer Art Markenzeichen des Wettbewerbs werden lassen. Und damit auch die »komische Lyrik« als Begriff im Titel auftaucht, haben wir entschieden, dass der Untertitel nunmehr lautet »Wachtberger Kugel – Preis für komische Lyrik«.

Kontinuität wollten wir in der Anthologie auch durch eine weitgehende Wiederholung der Kapitel-Aufteilung erreichen. Allerdings mussten wir doch einige ganz neue Kapitel hinzufügen, weil sich einzelne Gedichte nicht sinnvoll in die bisherige Gliederung einordnen ließen, einige Kapitelüberschriften haben wir ein wenig abgewandelt, weil sich der angesprochene Themenkreis erweitert hat, und einige Kapitel sind auch entfallen. Dennoch bleibt der Wiedererkennungseffekt wohl auch hier groß genug.

Zum Redaktionsschluss des Sammelbandes standen die Preisträger noch nicht fest. Deshalb können sie hier auch noch nicht genannt und gewürdigt werden. Ab dem 14. Januar 2018 werden wir dies auf der Internetseite *www.wachtberger-kugel.de* nachholen.

Die große Resonanz, die wir erneut auf unsere Ausschreibung erhalten haben, aber besonders auch der ermutigende Zuspruch, der wieder von vielen Autorinnen und Autoren kam, haben uns die Entscheidung über die Weiterführung des Projekts leicht gemacht. Eine weitere »Wachtberger Kugel« wird es also auf jeden Fall geben. Ob wir bei der jährlichen Ausschreibung bleiben oder auf einen Zweijahresrhythmus umschwenken, werden wir im Frühjahr 2018 entscheiden.

Erst einmal aber wünschen wir allen Leserinnen und Lesern der »besten Kugel-Schreiber 2018« nun viel Spaß mit dieser Anthologie und ein entspanntes Lesevergnügen.

November 2017
Dieter Dresen und Herbert Reichelt

I. Es werde ein Gedicht …

Martin Möllerkies
Memento

Was spricht für das Schreiben eines Gedichts?
Im Großen und Ganzen eigentlich nichts.

Horst Reindl
Gedicht zum Selbermachen

—∪—∪—∪ prügeln,
—∪—∪—∪ bügeln.
—∪—∪—∪ Klöße,
—∪—∪—∪ Größe.

—∪—∪—∪ Fackel,
—∪—∪—∪ Dackel.
—∪—∪—∪ edel,
—∪—∪—∪ Wedel.

Stefan Pölt
Neulich an der Reimtheke

Guten Tag, was wünschen Sie?
Eine Lage Poesie,
vierzehn Scheiben von den fetten,
abgehangenen Sonetten,

zwei, drei Tanka und 'ne ganze,
schöne, ungebeizte Stanze.
100 Gramm vom Limerick,
dünn geschnitten, nicht zu dick!

Außerdem vier Villanellen
und drei Stück von diesen hellen,
luftgetrockneten Terzinen,
ja genau, direkt vor Ihnen!

Haben Sie auch noch Ballade?
Die ist aus? Ach, das ist schade!
Können Sie mir dann Trochäen
frisch durch Ihren Verswolf drehen?

Ja, so etwa eine Schale,
gerne auch noch Madrigale
und elf Elfchen samt dem Rest
vom gehackten Anapäst.

Darf's denn sonst noch etwas sein?
Nicht? Dann pack ich's Ihnen ein!
Gratis noch 'ne Haiku-Lende.
Danke! Schönes Wochenende!

Dieter Brandl
zu bedenken

dichter schreiben insgeheim
pointen in den letzten reim.
denkt man diese nicht gleich mit,
lorem ipsum dolor sit.

Günter Sopper
Steputat

Findest du mal beim
Dichten keinen Reim,
hab ich guten Rat:
Nimm den Steputat!

Da findest du zum Reim
von jedem Wort den Keim.
Mit Hilfe dieser Endung
schaffst du jede Wendung.

Und so ist in der Tat
ein Schatz der Steputat!

PS:
Leider gibt's ein Wort,
da findet man nichts dort.

Und man im Regen steht,
weil gar kein Reim drauf geht.
Drum braucht dafür 'nen Trench-
coat auch jeder - - - mann!

Martin Köhler
Immer in Gedichten

Immer ziehen in Gedichten
Wolken leicht am Himmel lang.
Immer hat's dort einen lichten
buntgefärbten Waldeshang.

Immer wabern in Gedichten
Nebel irgendwo dahin.
Immer ist jemand am Sichten,
sucht nach irgendeinem Sinn.

Immer scheint in den Gedichten
des bleichen Mondes Sichel hell.
Immer die Gefühlserpichten!
Trauern stets und ziemlich schnell.

Immer ist in den Gedichten
von Romantik so viel drin.
Immer schwülstige Geschichten
und die Frage nach dem Sinn.

Sowas kann ich gar nicht leiden.
Dass man mich damit verschone!
Obwohl: Hier ließ sich's nicht vermeiden –
offensichtlich geht's nicht ohne.

Franziska Bauer
Von rückwärts gelesen

Nach Feierabend dann und wann
vergnügt sich Herr Max Mustermann,
indem er Anagramme dichtet.
Der Ordnung halber sei berichtet,
wie so ein Anagramm entsteht:
Wenn man ein Wort gekonnt verdreht,
ergibt sich oft als Schüttelwort
mit kunstvoll umgestellten Lauten
und Buchstaben am rechten Ort
ein Anagramm. Die so gebauten
Gebilde sprachlicher Natur
erstaunen dadurch mit Bravour,
dass manchmal sie – so ist das eben –
rückwärts gelesen Sinn ergeben.
So wird aus NEBEL plötzlich LEBEN,
und LAGER plötzlich zu REGAL.
Exempel gäb' es sonder Zahl!
Ist so ein Umkehrwort symmetrisch,
wird es zum Palindrom sogar.
Das klingt zuweilen fast poetisch:
Zum Beispiel REITTIER, BOB, RADAR.
Ein Satz wie »Pur ist Saft fast Sirup«
verlangt dem Max Bewund'rung ab.
Ein Wort wie RETSINAKANISTER
setzt seine Fantasie in Trab.
Da kann er tüfteln, das genießt er,
da kann er staunen nicht gering.
Oh, Sprache, wundersames Ding!

II. Fast wie im richtigen Leben

Andreas Kley
Vage Antwort

Ich fragte: War was in der Post?

Du blicktest stumm von West nach Ost.
Dann schautest du von Ost nach West.

Und in den kümmerlichen Rest
von einem Tag voll Sonnenschein

sprachst du den Satz:

Ich glaube – nein.

Harald Kainzbauer
Wochenende

Fang die Woche mit dem Wochenende an,
dann hast du viel mehr Spaß daran!
Und da nach dieser kurzen Frist
die Woche schon zu Ende ist,
ersparst du dir die Plage
der andern Arbeitstage.

Dirk Tilsner
Geduld ist alles

In der Seemannsbar im Hafen,
wo sich Lust und Laster trafen,
sonnverbrannte Haut mit bleicher,
raue, rissige mit weicher,
tanzten Damen, ungeraten,
mit Matrosen und mit Maaten.

Kerle, die den Stürmen trotzen
und mit wilden Bärten protzen,
ließen sich von den Walküren
willig hin zum Schröpfen führen
und die Dirnen gern gewähren,
um die Heuer zu entbehren.

Im Gejohle, im Gewühle
fielen Mieder, fielen Stühle,
hatte jede bei der Feier,
bis auf eine, einen Freier,

denn die Käthe hatt' Migräne
(wartete auf Kapitäne).

Angelica Seithe
Zur Sache:

Ein Mensch, der schon so manche Strecke
gefahren war wie eine Schnecke,
verliebte sich, und tags darauf
fuhr er die Autobahn hinauf.

Die Gegend war ihm sehr vertraut,
hier hätt' er gern ein Haus gebaut.
Der Tag war sonnig, klar und hell.
Der Mensch war fröhlich und fuhr schnell.

Sein Leben machte wieder Spaß.
Der Fuß stand sicher auf dem Gas.
An jenem Vormittag war klar,
dass diese Welt in Ordnung war.

Doch ohne Folgen hat im Leben
es nie ein wahres Glück gegeben.
Vier Wochen später wurde klar:
Verliebtsein schützt nicht vor *Radar*!

Norman P. Franke
**Beantwortung der Frage,
warum eine Bremerin kein Trinkgeld wollte**

In einer Teestube in Bremen
wollte die Bedienung kein Trinkgeld annehmen.
Der s-törrische Gast verlangte Darjeeling-Tee mit Rum,
drum!

Joachim Rademacher-Beckmann
Standort

Ein jeder lebt in seiner Welt,
auch du lebst nicht in meiner.
Nur: Hättest du viel Geld gewonnen,
hätte ich dich gern genommen.
Kommst du mal zu reichlich Kohle,
warte nur, bis ich dich hole.
Du lebtest zwar mit soviel Geld
noch immer nicht in meiner Welt,
aber ich in deiner.

Jörn Heller
Navihass

Das Fräulein, das mir ungefragt
an jedem Baum die Route sagt,
das mich mit klugen Sprüchen plagt
und ständig mir dazwischenquakt,

die Frau, die völlig ungeniert
den kleinsten Umweg korrigiert,
die hemmungslos mich malträtiert
und jede Kurve kommentiert,

ich fahr mit ihr noch ein, zwei Staus,
noch zwei, drei Stündchen gradeaus
und schmeiß sie dann am nächsten Haus
mit Saugnapf und mit Kabel raus!

Horst Reindl
Korrespondenz mit meiner Bank

An die Bank

Außergewöhnlich verehrte Frau Bank,
ich habe kein Geld mehr, das macht mich ganz krank.
Würden Sie bitte so aufdringlich sein,
mir ganz schnell jetzt zwei Millionen zu leih'n?
Dafür versprech' ich, Sie haben mein Wort,
dass ich das Ganze verprasse sofort,
nicht nur allein, auch in fröhlicher Runde.
Wann ist das Geld bei mir? Herzlichst, Ihr Kunde.

*Antwort der Bank (unter Belastung des Kontos
mit Gebühr für Brief und Porto)*

Herzlieber Kunde, Sie denken doch nicht,
dass wir das glauben, was einer verspricht.
Wo ist die Sicherheit, dass Sie den Zaster
wirklich verjubeln für all Ihre Laster?
Wir sind ganz sicher, durch irgend'nen Trick
brächten samt Zinsen das Geld Sie zurück.
Aus diesen Gründen, nein, herzlichen Dank,
gibt es kein Geld von uns. Gruß, Ihre Bank.

Edmund Ruhenstroth
Amors Pfeil

Ich empfand beim Beeren Pflücken
neulich einen Stich im Rücken
und schon wagte ich zu hoffen,
Amors Pfeil hat mich getroffen,
der der Liebe zugeneigt
und noch etwas Wirkung zeigt.

Doch mein Doktor, der versierte,
stellte fest, dass ich mich irrte,
denn weil Amor, wie er fände,
seine Pfeile nicht verschwende,
kam er dann zu dem Entschluss:
Der Alte hat 'nen Hexenschuss.

Volker Henning
Juckreiz

Wenn man sich als braver Mann
unbeschwert dort kratzen kann,
wo es kribbelt, juckt und brennt,
sticht und beißt ganz vehement,
selbst an Stellen, die entlegen,
ist das wahrlich schon ein Segen.
»Glück« heißt hier in diesem Sinn,
wenn's wo juckt und man kommt hin ...

Andreas Kley
Herr Schmitt

Heut Abend traf ich auf Herrn Schmitt.
Der sagte: Kommen Sie mal mit.
So ging ich denn mit diesem Kerl
ein ganzes Stück durchs stille Werl.

Durch Gassen im Laternenlicht.
Ich sah das Licht von Sternen nicht.
An Häusern, schwarz und unbewohnt,
vorbei. Und drüber hing ein Mond.

Nach ein paar Kilometern sprach
Herr Schmitt: Moment. Ich seh mal nach.
Ein Blick zur Uhr und dann: Oh je!
Ich bin spät dran, mein Freund. Ade.

Da stand ich nun am Rand der Stadt.
Es schneite, fror und wurde glatt.
Auch kannte ich mich hier nicht aus.
Verschlossen wirkte jedes Haus.

Allein im eisig kalten Raum.
Da fiel mir ein: Vielleicht ein Traum?
Doch als ein Funken Hoffnung glomm,
erschien Herr Schmitt und sagte: Komm.

Achim Amme
Wiegenlied (ein Rondo)

Ich kann nicht schlafen. Der Wasserhahn tropft.
Ist es der Wasserhahn? In meinem Kopf?
Irgendwas tropft. Doch was ist es genau?
Ob ich mal nach dem Wasserhahn schau?
In meinen Kopf schaun – wie sollte das gehn?
Vielleicht werd ich mal nach dem Wasserhahn sehn.

Ich bin noch so müde. Ich möcht grad nicht gehn.
Muss ich jetzt aufstehn, um nachzusehn?
Da bleib ich doch lieber noch etwas liegen,
um meine Müdigkeit so zu besiegen.
In'n Schlaf mich wiegen? Kein Gedanke daran!
Kopfsache oder der Wasserhahn?

Irgendwas tropft. Oder träum ich das nur?
Ist es im Kopf? Was tropft da so stur?
Ist es der Wasserhahn oder mein Kopf?
Was ist es, das da in einer Tour tropft?
Träume ich nur, oder bin ich schon wach?
Ich glaube, ich schau mal beim Wasserhahn nach.

Ich kann nicht schlafen. Der Wasserhahn tropft ...

Marlies Blauth
Hektor*

Wenn irgendwas im Becken dümpelt,
dann ist es sinnvoll, wenn man pümpelt.
Das Doofe ist nur: Es wird immer
im ersten Augenblick noch schlimmer.
Befördert doch mit einem Ruck
ein rülpsend lauter Unterdruck
aus dem verdammten Abflussrohr
das schlimmste Allerlei hervor:
Papierne Fetzen, eine Brühe –
man pumpt und pumpt mit größter Mühe.
Dann endlich: Das Geglucker klingt
ganz fröhlich. Der Schmodder sinkt
in die diskrete Tiefe.
Ach, wenn es gleich so liefe.

---

* *»Hektor (auch Saug-Hektor), in Österreich ein Haushaltsgerät, um verstopfte Abflüsse frei zu bekommen, siehe Saugglocke (Sanitärtechnik).« (Wikipedia)*

Katharina Lankers
Jahresrückblick eines Motzköttels

JANUAR

Neujahrskater, Übelkeit,
Böllerreste, Ehestreit,
Autokratzen, Schneegeschippe,
Straßenglätte, kalte Pfoten,
Auffahrunfall, Virusgrippe –
das gehört doch echt verboten!

FEBRUAR

Schmuddelwetter, dunkle Tage,
Fastnachtslärm und Saufgelage,
Skiurlaub mit Pistensäuen,
Knochenbrüche, Streusalz streuen –
Statt 'nem Lichtblick gibt's zum Lohn
eine Winterdepression.

MÄRZ

Widerlicher Frühlingsduft
verpestet meine Atemluft.
Amselzetern in der Frühe,
Beete graben voller Mühe,
Augentränen, Pollenflug –
ist's jetzt endlich mal genug?

APRIL

Regengüsse, Zickenwetter,
Raupen werden immer fetter.
Vogelkacke, Straßenschmutz,
der verhasste Frühjahrsputz –
unerbittlich macht sich breit
in mir die Frühjahrsmüdigkeit.

MAI

Wie die Nachtigallen brüllen,
Blütenstäube uns vermüllen,
Bienen ihre Stacheln spitzen,
wir beim Rasenmähen schwitzen.
Mücken sirren uns ums Ohr,
und es mieft nach Freibad-Chlor.

JUNI

Auch das letzte Ungeziefer
wetzt jetzt hungrig seine Kiefer.
Schneckenplage, Blattlauspest
geben mir den letzten Rest.
Und zum jüngsten Nachbarszank
kommt gleich noch der Grillgestank.

JULI

Unkraut jäten, Beete hacken,
schlimmer Sonnenbrand im Nacken,
spitze Dornen von den Rosen
krallen sich in meine Hosen.
Rückenschmerzen immer doller,
schuften bis zum Hitzekoller.

AUGUST

Spielplatzkreischen, Strandtouristen,
meist mit freigelegten Brüsten,
vollgepisster Swimmingpool
und kein freier Liegestuhl.
Wespenstich beim Mittagessen –
Urlaub kann man echt vergessen!

SEPTEMBER

Modrig-weiches Obst verfault,
dass es jeden schnell vergrault.
Maden kriechen durch die Pflaumen,
Heckenschere trifft den Daumen,
und ich kann's halt nicht genießen,
wenn Bäume mit Kastanien schießen!

OKTOBER

Welke Pflanzen, Dauerregen,
Blättermatsche auf den Wegen
und verstopfte Regenrinnen.
Schwarz behaarte Kellerspinnen
wollen alle in mein Zimmer –
bald geht's wirklich nicht mehr schlimmer!

NOVEMBER

Nebelsuppe, trüb und zäh,
klebt an allem, was ich seh.
Wieder muss ich Reifen wechseln,
Sträucher stutzen, Kompost häckseln.
Düster steht der kahle Wald,
und dazu ist es arschkalt.

DEZEMBER

Geschenkewahn, Familienfeste,
unbarmherziges Gemäste:
Trostlos stopf ich Gänsepampe
mir in meine Weihnachtswampe.
Plätzchen brennen, und die Oma
fällt ins Kalorienkoma.

Hab mich bis hierher gequält,
oft die Tage bloß gezählt,
und mit allerletzter Kraft
hab ich auch dies Jahr geschafft.
Doch statt froh bin ich ergrimmt,
denn das nächste kommt bestimmt!

Dirk Tilsner
Wen meinst du?
Zwiegespräch mit unwahrscheinlichem Ausgang

Nanu mein Freund, ist alles klar?
Dein Blick so leer heut', traurig gar.
Geht's dir nicht gut?

Nein, frohen Mutes bin ich nicht,
ich denk' an den, der alles bricht,
der heimlich aus dem Dunkeln sticht,
doch selber steht er stets im Licht ...

Ich seh', dir ist vorm Herrgott bang,
sein Wesen gleicht dem Yin und Yang,
sein Lied, das einst so lieblich klang,
nun dröhnt es dir wie – Abgesang (?)

NEIN!
Ich mein' den Geist, der stets verneint,
der alles trennt und nichts vereint,
der niemals lacht und niemals weint,
der nichts erhellt, doch immer scheint ...

Das klingt nach Teufels bösem Blick,
nach kalter Hand dir im Genick,
du spürst, wie um den Hals den Strick,
des Lebens nächstes Missgeschick (?)

NEIN!!
Ich meine den, der stets vernetzt,
mich selbst in meinen Träumen hetzt,
der schlimmer als die Krätze krätzt
und glaubt, dass man ihn dafür schätzt!

Du sagst, du drehst dich nachts im Schweiß?
Da denk' ich an Hormonverschleiß.
He Alter! – Red' mal schwarz auf weiß
und nicht so'n schleierhaften Scheiß!
Wen meinst du?

Das Rätsel ist nicht sonderlich,
doch da du dich besorgst um mich ...
Ach Chef! – Ich weiß, es ziert sich nich',
doch muss es raus: Ich meine DICH!!!

Armin Elhardt
Liebesmahl

Ich gebe zu ich liebe mich
ich habe mich zum Fressen gern
der Liebeswahn verschlingt mein Ich
und nagt und kaut an Hirz und Hern

Armin Elhardt
Fehlwurf

Voll daneben,
nicht getroffen!
Pech für dich,
liebes Glück.

Jens Urban
Lebensjahre

Man will geh'n
mit zehn

entspannt sich
mit zwanzich

begreift sich
mit dreißich

irrt sich
mit vierzich

krümmt sich
mit fünfzich

schleppt sich
mit sechzich

schiebt sich
mit siebzich

macht sich
mit achtzich

bäumt sich
mit neunzich

und wundert
mit hundert

Günter Detro

Wenn der Sommer tönt

Die Sonne knallt vom blauen Himmel,
was auch der Düsenjäger macht,
am Boden hat mit dem Gebimmel
der Eismann Quengelei entfacht.

Ein Eis, ein Eis, skandieren Kinder,
die Heulerei tut fast schon weh,
doch das Gebimmel auch nicht minder;
die Oma zückt ihr Portemonnaie.

Im hohen Grase zirpen Grillen,
der Vater flucht, weil er nicht will,
dass braune, fettverklebte Rillen
verschandeln den Elektrogrill.

Im kühlen Pool, da jauchzen Kinder,
das Wasser spritzt, die Mutter mault,
im Auto heult ein Sechszylinder,
hat Omas Lieblingskatz' vergrault.

Es wummern Bässe, kreischen Töne,
es dröhnt das Autoradio
der ungezähmten Nachbarssöhne,
der Herbst kommt bald, was bin ich froh!

Martina Anschütz
Spiegelbild

Wenn ich morgens früh aufstehe
und die Gestalt im Spiegel sehe:
müde, knittrig, ohne Lust,
Augenringe, ganz viel Frust.
Dann sag ich manchmal: Guck nicht böse.
Denn ohne allzu viel Getöse
legst *du* dich nachher wieder hin,
während *ich* Depp auf Arbeit bin.

Dann lacht das Bild oft ganz verschmitzt.
Und während dieses Lächeln blitzt,
fang ich meist selbst zu lachen an.
Gebrochen ist der Aufsteh-Bann.

Unlängst aber blieb es stur,
von Heiterkeit gar keine Spur.
Da überkam mich heiße Wut
und ich erklärte es ihm gut:
Wenn schon das Lächeln dir zu viel,
dann kehren wir es um – das Spiel.
Du fährst für mich zur Arbeit raus,
ich hüte derweil hier das Haus!

Dann bin ich in mein Bett gekrochen,
denn niemand hat mir widersprochen.

Jörn Heller
Gesichtgedicht

Seht her, mir gehn die Locken aus,
ich krieg Geheimratsecken!
Ich muss mich nicht mehr wie bisher
bang hinterm Haar verstecken,

muss nicht so häufig zum Frisör,
brauch weniger Schampuh
und hab auch nach dem Duschen nicht
so oft den Abfluss zu!

Ich schaue offen in den Tag,
ich kühle mein Gehirn,
ich zeige wieder mehr Gesicht
und aller Welt die Stirn!

Monika Clever
Keine halben Sachen

Ich habe geschlafen, doch was war passiert,
Die ganze Umgebung sah aus wie halbiert.
Was ist denn in dieser Nacht nur geschehen?
So hab ich die Welt noch niemals gesehen.
Egal, was ich auch ausgewählt –
Stets die obere Hälfte fehlt.

Ich bin doch nicht trunken, dacht' ich ganz betroffen,
Es lag an den Augen, sie war'n nur halboffen.

Dieter Brandl
neuer schal

neuer schal, heut anprobiert,
dumm, gehört gleich reklamiert!
hab da etwas einzuwenden:
ungleich lang sind beide enden!

Udo Skomorowsky
Flughafenblues

Ein neuer Flughafen muss her.
Das dauert lange und wird teuer.
Bezahlt von uns – von unsrer Steuer.
Vorläufig heißt er BE-E-ER.

Wir setzen ihn tief in den Sand.
Ein Namensgeber muss noch her.
Wird in Berlin nicht allzu schwer:
Ernst Reuter oder Willy Brandt.

Da fangen Köpfe an zu rauchen.
Man fragt mit Hohn und böser Miene:
Wollt ihr für diese Bauruine
die noblen Männer nun missbrauchen?

Deswegen wollen wir berichten:
Walter Ulbricht sei der Pate,
weil niemand je die Absicht hatte,
einen Flugplatz zu errichten.

Elisabeth Kuhs
Gartenfreuden

Der eigne Garten – welche Lust!
Das Herz schwillt froh dir in der Brust.
Der Kopf wird klar, die Seele hell –
o wunderreicher Freudenquell!
Im Frühling munter Knospen sprießen.
 (Jetzt nicht vergessen: Fleißig gießen!)
Stolz prangen Malven und Tageten.
 (Bisweilen lästig: Unkraut jäten.)
So schön blühn Löwenzahn und Flieder!
 (Der Rasen müsste auch schon wieder ...)
Hibiskus, Phlox und Akelei!
 (Dem Giersch kommt man so leicht nicht bei.)
Da strotzen Dahlien, prangen Hecken.
 (Gott schuf Natur. Doch warum Schnecken?)
Es lacht der Himmel, lockt die Sonne.
 (Wer reinigt mal die Regentonne ...?)
Ein Garten macht das Herz dir froh!
 (Das sieht die Wühlmaus ebenso.)

Georg Klinkhammer
Ein Mann (und der falsche Ort)

Ein Mann ging durch den Wald ein Stück,
wollt' Birkenpilze suchen.
Doch leider hatte er kein Glück.
Er suchte unter Buchen.

Jürgen Miedl
Gegen Blumen

Die Sonnenblum', die Sonnenblum',
wenn ich sie seh, ich bring sie um.
Van Gogh hat's jahrelang gemalt
und dafür mit 'nem Ohr bezahlt.

Die Orchidee, die Orchidee,
so grauslich, ich krieg Schädelweh.
Denn übersetzt heißt *orchis* Hoden.
Da wächst ein Sack aus unsrem Boden!

Johanniskraut, Johanniskraut,
dein Schöpfergott hat's echt versaut.
Und Rosenbusch, und Rosenbusch,
auch du: von Dorn bis hinten Pfusch.

Die Buschwindros', die Buschwindros'
verdient nichts als 'nen Sensenstoß.
Die Königskerz', die Königskerz'
schick mit 'nem Tritt ich himmelwärts.

Zypresse fein, Zypresse fein,
kriegst eine in die Fresse rein.
Verzeiht, nun werd' ich derbera:
Ach fick dich, blöde Gerbera!

Genug!

Doch was ich mag, das ist Asphalt.
Er bietet Halt für Jung und Alt.
Genau wie dessen Freund Beton:
des Menschen klugen Geistes Lohn,
der Städte graue Eminenz,
des Wirtschaftswachstums Stoßpotenz.

Drum bitte pflastert alles zu!
Dann ham wir vor den Blumen Ruh.

Das Flora-Schwein in Süd und Nord:
Durch Sträuchelmord schafft es hinfort!
Der Mensch obsiegt in Ost und West,
gibt ihr den Rest, der Blütenpest,
und legt 'nen Kranz – als Abschiedsgab' –
aus Plastikblumen auf ihr Grab.

Helena Maria Beuchert
Vernünftig

Sei ein vernünftiges Mädchen
und schaue hin, wem du traust,
du bist nur ein kleines Rädchen,
das Leben ist schwer – pass auf.

War kein vernünftiges Mädchen,
habe den Menschen vertraut,
ich wurde ein wichtiges Rädchen
und lebte vergnüglich und laut.

Frank Giesenberg
Kadarka

Du bischt mir die Allerliebschte,
ach, wie gern ich dich vernasch!
Zehneinhalb Prozente giebschte,
machscht mich wirr im Kopp und lasch!

Zuckersüß bischt, rot wie Lippen,
komm mal her, kriegscht einen Kuss!
Und so leicht machscht du das Nippen:
hascht ja nur nen Drehverschluss.

Zuckersüß bischt auch im Preise,
kommscht nich ausm Eichenfass!
Glaub, ich lieb dich, literweise!
In Kadarka veritas!

Einsch nur hab ich zu beklagen,
liegscht in meinem Einkaufssack:
Muss in Flaschen schwer dich tragen –
gäbsch dich doch im Tetrapak!

Harald Jöllinger
Es geht vorbei

Der Stefansturm, der Ring, die Wiener Straßen,
das Rathaus und die dortige Partei,
die Opern und Theater gleichermaßen.
Ich weiß nicht, doch ich glaub, das geht vorbei.

Die Donauinsel und die ganzen Festeln,
in Ottakring die große Brauerei,
die Speisen, stets garniert mit alten Resteln.
Nicht sicher, doch vielleicht geht das vorbei.

Das vorne Buckeln, das hinten fest Maunzen,
das neidig Spechteln, das Tratschen, das Raunzen,
bis jeder mitmacht, solang bis man speibt.

Zu Weihnachten die Busserln von der Tant,
und nicht zuletzt der gute, alte Grant,
da bin ich völlig sicher, dass das bleibt.

Walther Stonet
Millionen

Sie ist noch jung und ziemlich cool.
Sie schwimmt gern nackt im Swimmingpool.
Ihr Haar, gelockt, lang, blond geschönt,
Ist wie ihr Lebenslauf geföhnt.

In ihre Augen kann man tauchen.
Wenn sie's nicht mag, hört man sie fauchen.
Man braucht es gar nicht erst betonen:
Sie möchte gern an die Millionen.

Stefan Pölt
Zusammentreffen

Diese langen Haare
schweben mit ihr mit.
Höchstens zwanzig Jahre,
wehn bei jedem Schritt.
Diese langen Haare.

Diese enge Bluse
ist ein wenig knapp.
Freudig musterst du se,
zeichnet alles ab.
Diese enge Bluse.

Diese kurze Hose
hüllt nur, was sie muss.
Was ich da an Po seh,
ist ein Hochgenuss.
Diese kurze Hose.

Diese schlanken Beine,
fast wie Heidi Klums.
Stöckeln über Steine
wie am Laufsteg – rums!
Diese scheiß Laterne!

Stefan Pölt
Berühmte Dialoge

Gunter Sachs zu Dolly Buster:
Ach, die Frauen sind mein Laster ...
Ja, ich merk's, meint Dolly. Gunter,
geh von meinem Körper runter!

Stephan Derrick hört man sagen:
Harry, hol schon mal den Wagen!
Dieser aber kontert: Stephan,
der springt immer nur beim Chef an!

Gretchen tadelt Dr. Faust:
Teufel auch, bist du zerzaust!
Der erwidert: Liebes Gretchen,
das liegt nur am Zimmermädchen.

Franz umflirtet seine Sissi:
Komm, wir lieben uns a bissi.
Doch die Sissi wehrt sich: Franz,
wie denn – bei dem kleinen Schwips?

Elisabeth Jumpelt
Die Talkshow

Ich kann es auf den Tod nicht leiden,
wenn Leute mir das Wort abschneiden.
Was bin ich froh, dass man mich nie
gebeten hat: »Ach, kommen Sie,
wir hätten manch brisante Frage
zu Umweltschutz und Flüchtlingslage,
zu Kunst und Wissenschaft, Kultur
und auch zum Thema Feld und Flur ...«

Ich seh mir von zuhause dann
die nächste Talkshow-Runde an.

Der Moderator, stolzgeschwellt,
hat alle Gäste vorgestellt.
Die meisten sind allseits bekannt,
doch das ist jetzt nicht relevant.
Es gibt – wie auf 'nem Jahrmarktsfeste
das Karussell der Talkshowgäste.
Sie sind bei WD, RTL,
reden mal langsam und mal schnell,
sie lachen, lächeln oder schmunzeln,
und in HD sieht man die Runzeln.

Kaum hat der Gast das Wort ergriffen,
wird er auch schon zurück gepfiffen.
Er hielt nur kurz den Atem an,
da war der Moderator dran.
Der Talkgast sitzt verdattert still,
obwohl er noch was sagen will.
Man stellt ihm eine neue Frage,
was er so halte von der Lage?
Von Obergrenze und Asyl,
Abschiebehaft und Mitgefühl?

Die Antwort ist von kurzer Dauer;
der Moderator – auf der Lauer –
schießt eine neue Frage ab.
Die Antwort liegt schon jetzt im Grab.
Kaum fährt der Talkgast zaghaft fort,
da gibt's den zweiten Meuchelmord.
Der Moderator geht aufs Ganze.
Knallhart ergreift er seine Chance:
Was er so weiß, soll'n alle wissen.
Das wird ein Talkshow-Leckerbissen!

Und so mutiert der Moderator
ganz ungebremst zum Kommentator.

All das hab ich schon mal vernommen,
jetzt sollte mal was Neues kommen.
Inzwischen ist der Nächste dran.
Mal sehn, was der so bringen kann,
vielleicht schafft der, mit List und Tücke,
hinein zu reden in die Lücke.
Der Gast setzt sich gerade hin
(war mal Minister, immerhin).
In seiner Amtszeit griff er häufig
zum Mikrofon, das war geläufig.

Das Publikum, es applaudiert
nur so, nichts ist passiert.
Man hat die Frage ihm gestellt,
was er vom Kandidaten hält,
ob damit vieles besser würde?
Da kommt auch schon die nächste Hürde:
Wo bleibt die Lebensqualität,
wenn alles nur so weiter geht?
Er wähnt sich auf der Zielgeraden,
doch dann verliert er seinen Faden.

Die Fragen haben ihn verwirrt.
Der Moderator – unbeirrt –
schaut kurz in seine Unterlagen.
Und: schwupps! – hat er vier neue Fragen.
Das Publikum, es applaudiert,
obwohl schon wieder nichts passiert.

Der nächste Gast ist eine Frau.
Die kennt das Schema ganz genau.
Sie wartet gar nicht erst auf Fragen,
sie redet sich um Kopf und Kragen.
Und ja, sie weiß, was sie hier tut!
Dem Publikum gefällt das gut.
Es spendet Beifall, ungeniert,
weil endlich hier mal was passiert.
Der Moderator ringt ums Wort.

Es folgt die Sendung mit dem Sport.

Frank Giesenberg
Der Boxkampf

Gong. Ein Trippeln. Dort ein Schreiten.
Fäuste, die sich einarbeiten:
Leder trifft auf Leder. Wieder.
Ständig wandern Kopf und Glieder.

Da: Ein Haken! Dann ein Wanken.
Und durch beider Fäuste Flanken
rast des Größeren Gerade
auf des Kleinern Kinnes Lade.

Der stürzt rückwärts in die Seile
und bezög nun kräftig Keile,
ging der Dritte nicht dazwischen,
hindernd weitrer Hände Zischen.

Eh der Kampf uns Freude spendet,
heißt K. o. es und er endet!
Nicht doch, buhn wir, erste Runde!
Sehn ja nicht mal eine Wunde!

Doch im Ring die beiden Streiter
sind zum Glück ein Stück gescheiter
als der Dritte, jener Richter,
und so werden sie zum Schlichter:

Prügeln ihn, der uns betrogen,
so zu glätten hohe Wogen.
Und im Herzen wird uns wärmer,
sehn wir ihn drei Zähne ärmer.

III. Heute bleibt die Küche kalt

Dieter Brandl
schelm

ein schelm verändert gern einmal
die schieferntafel vorm lokal.
als eines jeden gastwirts schreck
radiert er manchen buchstab.. weg:

steht auf der tafel kalte platte,
so wird sie eine .alte .latte.
aus einer palatschinkenpfanne
wird plötzlich eine .....schinkenp.anne,

das selchfleisch wird dann spielerisch
zu einem .elch und einem f..isch,
und auch die leber wird mit reis
zu einem .eber, der mit .eis.

auch bleibt von schweinssteak und kotelett
nur sch.ei.ss.... und kot..... am kreidebrett.
der schelm macht auch noch barsch, gegrillt
gewissenlos zu .arsch, ge.rillt.

Stefan Pölt
Nur keine Hektik!

Sag mir, Königin der Tische,
wie ich den Moment erwische,
deine Blicke zu erheischen,
ohne durch den Raum zu kreischen.

Siehst du nicht mein wildes Winken?
Mein Begehr ist, was zu trinken.
Herrin über Gläser, Tassen,
willst du mich verdorren lassen?

Wie bloß kann ich dich erreichen?
Gib mir nur ein kleines Zeichen,
Spitzenkraft der Gästespeisung,
Meisterin der Tischumkreisung.

Flehend bitt ich dich – nein, bettel:
Nimm Notiz auf deinem Zettel,
wenn schon nicht von mir, stattdessen
wenigstens von meinem Essen!

Heldin der Tablettartistik,
planst du etwa längerfristig?
Kannst du mir noch mal verzeihen,
so terminlos reinzuschneien?

Herrscherin der Nahrungskette,
Wächterin der Körperfette,
Leuchte des Bestellprozesses,
bring mir irgendwas – ich ess es!

Endlich sehe ich dich nahen.
Wirst du meinen Wunsch bejahen?
Fast – du schaffst es, mit Getränken
kurz vor mir noch abzuschwenken.

Ach, wie würde es mich freuen,
dich bei mir mal zu betreuen.
Komm, besuch in aller Ruhe
mein Geschäft für Damenschuhe!

Carsten Stephan
Schokoladenhai

Wem schmeckt denn schon Knusperscholle?
Wem der Remouladenschlei?
Wem die Sprottenkasserolle?
Uns schmeckt Schokoladenhai!

Wer braucht Müllerin-Forelle?
Wer den Koi-Doraden-Brei?
Wer die Sauertopfsardelle?
Uns bringt Schokoladenhai!

Zuckerzander? Bonbonbrasse?
Die sind uns doch einerlei!
Uns bringt was mit Biss und Klasse,
Uns bringt Schokoladenhai!

Jörn Heller
Lieblingsgericht

Das Lieblingsgericht
der Beanstandungsgruppe
mit Vorspeisenpflicht
ist die Buchstabensuppe.

Weil gleich in der Kelle
sofort jedermann
bequem auf die Schnelle
ein H finden kann.

Achim Amme
Gäste

Wenn manche Gäste scheint's das Sagen haben,
die Kellner emsig in die Küche traben,
um deren Wünsche zu erfüllen,
dann könnt' ich brüllen
vor Neid.

Wenn sie der Chef des Hauses gar hofiert,
mit ihnen über dies und das parliert,
dann fühle ich mich so allein
gelassen, ich könnt' schrei'n
vor Leid.

Wenn ich mich innerlich am Tisch verkrieche,
den Stolz der andern Gäste förmlich rieche,
die fröhlich sind, gut essen, trinken,
möcht' ich versinken
vor Scham.

Wenn ich dann auch noch nach dem Ober winke
und der mich eifrig ignoriert, dann klinke
ich mich glatt aus, geh überzeugt
aus dem Lokal, gebeugt
vor Gram.

Doch wenn ich draußen steh, ist kaum noch Zeit,
zu hadern mit der Ungerechtigkeit,
weil ich mit Absicht ja vergaß,
die Rechnung zu bezahlen
für den Fraß.

Dann nehm ich beide Beine in die Hände
und renne. Ohne Ende.

IV. Wenn die Ferne ruft (oder auch das Nahe)

Erich Carl
Wohin?

Halle?
Hast du sie noch alle?

Jülich?
Würd' 'n Flop, das fühl' ich.

München?
Na, ich weiß nicht, Kindchen.

Düren?
Wär' zu diskutieren.

Aalen?
Nur das in Westfalen.

Bremen?
Ließ' ich mir nicht nehmen.

Celle?
Klar, auf alle Fälle.

Menden?
Lief' ich hin auf Händen.

Bielefeld?
... Häh???

Lothar Becker
Sommertag am Meer

Das Meer stößt an den Himmel an,
wo Möwen Kurven drehen.
Die Sonne läuft auf ihrer Bahn,
Touristen bleiben stehen.

Im Strandhotel »Zum Admiral«
servieren Kellner Kuchen.
Zwei Frauen spielen Federball,
man hört 'nen Seemann fluchen.

Die Wellen rollen an den Strand,
um Blumen schwirren Bienen.
Ein Fischer holt sein Netz an Land,
und Sanddorn wächst auf Dünen.

Das Wasser trocknet auf der Haut,
der Eisverkäufer lächelt.
Man sieht, wie jemand seiner Braut
viel frische Luft zufächelt.

Am Abend geht die Sonne spät
im tiefen Wasser unter.
Dann ist sie weg, und man versteht,
die Welt ist voller Wunder.

Dieter Brandl
meer erotik

ob bottnisch, finnisch, genua,
rigaisch, jade, panama,
ob kleine syrte, saint malo,
ob cádiz, golf von mexiko,
tarent, antalya und bohai,
biscaya, golf von orosei,
auch tas und golf von martaban,
es törnen mich die formen an!
ich bin, ich sage es, wie's ist,
ein meeresbusenfetischist.

Frank Giesenberg
Sehnsucht

Sommerzeit. Man schweift gen Ferne,
träumt von Sonne, Meer und Glück.
Ja, schon da, das wär man gerne,
niemals will man mehr zurück!

Doch es schweifen ganze Schwärme,
und die Straße ist im Bau.
Und so ist man erst bei Herne,
und die Sehnsucht steht im Stau.

Christian Engelken
Hannover an der Leine

Hier in Hannover gibt es Sachen,
Die einen mehr als traurig machen.

Zum Beispiel gibt es Schweine
Hier an der Leine,
Ja, jede Art von Tieren
Muss hier ein Leben an der Leine führen!
(Das wird sonst nur bei Hunden
   gefunden ...)

Und selbst die Leute ...
Und das bis heute!
Doch still – die Welt braucht nicht zu wissen,
Wie wir hier leben müssen!

Andres Kley
Hildes Heim

Ich war im Heim.
In Hildes.

Mann, war das Heim ein wildes.
Mein Gott, war das ein wildes Heim.

Besuch doch
auch mal
Hildes
Heim.

Uwe Hartmann
Verführung in Bielefeld

Bielefeld, hast mich verführt,
zu reimen wie im Wahn.
Also hab' ich es getan,
hab' dich geschüttelt, nicht gerührt:

Ein Hund, der gern für viele bellt,
bellt gerne auch für Bielefeld.

Jörg Borgerding
Kakteen für die Welt

So'n Kaktus ist doch klasse, was?
Mal blüht er, immer sticht er.
Und letzteres besonders krass,
haut man ihn in Gesichter.

Und während Strophe 1 ich schrieb,
da hob sich eine Schranke.
Es rührte sich ein Urmenschtrieb,
es kam mir der Gedanke:

Ich opfere meinen kargen Lohn
und kauf dafür Kakteen!
Damit flieg' ich nach Washington
und auch – ihr werdet sehen:

nach Pjöngjang hin und Ankara!
Und bringe jedem Lumpen
da einen Kak ...
wird teuer ...
ja ...
Könnt ihr mir wohl was pumpen?

V. Verliebt, verlobt, verheiratet und Schlimmeres

Volker Teodorczyk
Konsequenz

Komm, geh mit mir
Am See entlang
Auf weichem Grund
Riechst du den Tang?

Steig ein ins Boot
Ist's dir genehm?
Nimm meine Hand
Sitzt du bequem?

Nun zier dich nicht
Und sei entspannt
Lehn dich nur an
Lös dein Gewand

Lass dich nur los
Und gib dich hin
Letztendlich dann
So macht es Sinn

Du wirkst so kühl
Rückst ab ein Stück
Du möchtest heim?
Dann schwimm zurück!

K. U. Robert Berrer
Ende eines Landgangs

Du bezweifelst meine Schwüre,
dass zum Kuss dir fehlt der Mut?
Und wenn ich nun gar nicht führe?
Wär' ich dann für mehr dir gut?

Mädchen, das kann ich nicht leisten,
fällt es mir auch noch so schwer;
denn ich selbst am allermeisten
möcht' erfüllen dein Begehr'.

Doch ich muss in See bald stechen,
bald, am Ende dieser Nacht.
Aber ich geb' das Versprechen,
dass ich die Erinn'rung acht'

an das abschiedsschwere Küssen
und den sehnsuchtsvollen Drang,
gibst du dich beim Scheidenmüssen
mir jetzt hin auf dieser Bank ...

... Ach, wie schön. Du Wunderbare!
Dir zum Dank schnitz' ich ins Holz
ein Herz, das dich, wenn ich fahre,
an heut' Nacht gemahnt mit Stolz!

Heut' Nacht! Nie werd' ich vergessen
– ob der Mond, ob Sonne scheint –
wie wir beide hier gesessen,
engumschlungen und vereint.

Doch nun muss ich dich verlassen.
Hab dich wohl, mein Mädchen. Wie?
Deinen Namen? Muss ich passen.
Lisbeth? Klara? Nein?! Marie ...?

Monika Clever
Aus den Memoiren v. Tante Hortense

Am Schloss promenieren
Im Park defilieren
Gepflegt dechambrieren
Dabei imponieren

Ein wenig poussieren
Gewählt schwadronieren
Sich ganz kurz nur zieren
Probleme negieren
Den Kopf dann verlieren
Sich nicht mehr genieren
Direkt deflorieren

Danach absentieren

Monika Clever
Magisches Denken

Wenn sie sich umdreht, wird es gut
Wenn sie jetzt hustet, fass ich Mut

Wenn dort gleich links ein Hund erscheint
Dann hat sie wirklich mich gemeint

Wenn jetzt drei rote Autos kommen
Dann heißt sie mich heut Nacht willkommen

Wenn gleich ein dumpfer Ton erschallt
Dann bin ich vor den Baum geknallt

Marita Bagdahn
Tierisch verliebt

Ein Dackel sitzt im Autoheck
und wackelt mit dem Kopf ganz keck.
Er reist durchs Land, fährt durch die Welt,
dorthin, wo's dem Chauffeur gefällt.
Er muss nichts tun, muss nicht mal bellen,
sehnt sich nach keinem Spielgesellen,
er muss auch niemals Gassi gehn.
Der Dackel find't das Leben schön
und denkt nicht dran, sich zu beklagen.
Doch eines Tages hält der Wagen
am Straßenrand vor einem Haus.
Der Fahrer kramt sein Smartphone raus,
schreibt SMS, telefoniert,
jetzt flirtet er, ganz ungeniert.
Der Dackel langweilt sich und schaut
und seinen Augen er kaum traut.
Was sieht er dort im Fenster sitzen?
Der Dackel fängt gleich an zu schwitzen –
dort drüben sitzt ein schönes Tier!
Doch sitzt es dort und er sitzt hier.
Es sieht so anders aus als er,
die Art zu raten fällt nicht schwer.
Er weiß nicht wie, weiß nicht warum:
Sein Dackelherz schlägt Wumm! Wumm! Wumm!
Es ist 'ne Katze und kein Hund,
doch Wackeldackels Herz schlägt wund,
's ist Liebe auf den ersten Blick,
es gibt kein Vor und kein Zurück.

Da fährt der Fahrer plötzlich los,
der Dackel jault: Was mach ich bloß?
Ich kann nicht raus, kann nicht zu ihr.
Ich wär so gern ihr Kavalier!
Der Dackel sitzt im Autoheck
und wackelt mit dem Kopf ganz jeck.
Verliebt winkt auch die Winkekatze
mit ihrer zarten Winketatze ...

Gerd Bießmann
Liebe in Wachs

Ein Kerzerich zu sprechen wagte
zur schönen Kerzin frei heraus,
indem er schüchtern zu ihr sagte:
»Ich ginge gern mal mit dir aus.«

Stefan Draeger
Übertherapiert

Ein frisch verliebtes, junges Asthma
bat die geliebte Luft: »Du, hast mal
für mich ein bisschen deiner Puste,
dass ich nicht mehr so elend huste?«

Bedeckt mit tausend Luftiküssen
hat's Asthma von ihr lassen müssen.
Kann grad noch röcheln: »Mensch, was tuste?
Dir fehlt das Maß und mir die Puste!«

Siegfried Schüller
(ohne Titel)

Sie liebt mich
sie liebt mich nicht
sie liebt mich
sie liebt mich ... nicht!

Und da heißt's immer
vierblättrige Kleeblätter
bringen Glück.

Georg Klinkhammer
Wiederholungstäter

Ein Mann stand einst vor ihrer Tür.
Er klingelte so gegen vier,
roch angenehm nach frisch rasiert,
die Glatze und die Schuh poliert.

Bewehrt mit Blumenstrauß-Bouquet,
desodoriert bis hin zum Zeh,
gebügelt und gesteift das Hemd,
den Bauch im Gürtel eingeklemmt.

Die Zeit verrann, und nichts geschah.
Es schien, als sei sie noch nicht da.
So wartete er stundenlang,
und um die Blumen wurd's ihm bang.

Auch merkte er – es war recht heiß –,
dass ihm allmählich rann der Schweiß.
Als schließlich schon die Sonne sank,
war'n seine Blumen sterbenskrank.

Beim Deo ließ die Wirkung nach,
und seine Nerven lagen brach.
Sein Kinn schien auch nicht mehr so glatt.
Jetzt endlich hatte er es satt

und warf den Vorsatz wie den Strauß
in das Gebüsch vor ihrem Haus.
Endlich daheim, noch säuerlich,
schrieb er ihr einen bösen Wisch.

Darin stand ziemlich sinngemäß,
dass sie ihn könnte am Gesäß.
Es gäb noch Schönere als sie,
und er verzeihe ihr das nie.

Nach einer halben Flasche Korn
war dann verraucht der ganze Zorn.
Am nächsten Tag so gegen vier
stand er schon wieder an der Tür ...

Jörg Borgerding
Ein Abend der Liebe

Stillgelegt das Telefon,
fest entschlummert schon der Sohn.
Heizung auf ganz warm gestellt,
ausgesperrter Dackel bellt.

Dimmerlicht. Die Kerze rußt.
Champagner perlt. Herr Clapton bluest.
Wohlig weich, schön lang und breit:
Chaiselongue, auf der zu zweit

frisch geduscht und parfümiert,
splitternackt und ungeniert
wir uns nun getroffen haben,
aneinander uns zu laben,

uns zu lieben, uns zu necken,
Zungen in die Öhrchen stecken.
Küsst sie zärtlich mich, so streichel
ich den Busen ihr! Mein Speichel

sich mit ihrem feucht vermengt.
Lust uns fast die Schädel sprengt!
Da heißt's: sich beherrschen, warten,
dass ich ihren Liebesgarten

nicht zu früh, zu schnell bewässer!
Dies zu hindern, ist es besser,
wenn ich an was andres denke,
das meine Gedanken lenke

weg von ihr und der Ekstase,
damit nicht zu schnell ich rase
in das Nahziel meiner Lüste.
Doch woran!? Wenn ich nur wüsste,

wie ich mich ablenken soll ...
Bin vor Liebe schon ganz toll!
Und ich denk an Börsenzahlen,
Schrebergartenvorstandswahlen,

Bundestagsfinanzdebatten,
kahlschwänzige Bisamratten.
Denk an Arbeit und Kollegen
und an Militärstrategen.

Während sie schon keucht und fleht,
dass es endlich weitergeht,
mich befummelt und massiert,
grübel ich, was wohl passiert,

wenn man Hydrokarbonat
im Labor mit Stickstoff paart.
Gerade will ich mich ergeben,
zu befriedigen ihr Beben,

ihr Verlangen, ihr Begehren,
will mich nicht mehr länger wehren.
Gehe jetzt in Positur.
Dabei, zufällig und nur

kurz zur Seit', zum Tisch ich schau –
seh's Programmheft fürs TV!
Lese, was mich rotumkreist
aus der Liebesklammer reißt:

Zwanzigfünfzehn – Glasgow/Bayern.
Hände weg von meinen ... –
Schnell, die Fernbedienung her!
Und jetzt Ruhe, bitte sehr!

Stefan Pölt
Unpassend?

Was haben Männer schon zu bieten?
Die meisten sind nur Hochglanz-Nieten.
Viel Gockeltum und Macho-Sprüche,
dazu noch Schweiß- und Biergerüche.
Statt offenherziger Gefühle
zeigt man(n) nur rationale Kühle.

Von zwanzig Männern hängt im Schnitt
das Hirn bei neunzehn tief im Schritt
und denkt im Schutze beider Beine
die ganze Zeit nur an das Eine.
Der Zwanzigste in der Statistik
ist Schöngeist, liebt die Klassizistik.

Ganz anders sind dagegen Frauen,
für Männer schwerlich zu durchschauen,
denn hochkomplex in ihrer Länge
sind weibliche Gedankengänge.
Es scheint in manchen Augenblicken,
dass sie sich selbst darin verstricken.

In einem Streitgespräch belohnen
sie generös mit Emotionen,
und jedes Mal erneut erstaunen
spontane Wechsel ihrer Launen,
wie abends in der Schlafdomäne
ein Anfall von Spontanmigräne.

Den Männern fehlen die Antennen,
versteckte Zeichen zu erkennen.

Die Frage »Sag mal, bin ich dick?«
verlangt ein Höchstmaß an Geschick
und wird mitunter gar gefährlich,
erfolgt die Antwort allzu ehrlich.

Erstaunlich, dass in manchen Ehen
sich Mann und Frau so gut verstehen.

Dieter Brandl
perfekte ehe

wir stimmen immer ab zu zweit,
entscheiden dann in einigkeit.
bei stimmengleichheit haargenau,
– nur dann – entscheidet meine frau.

Edmund Ruhenstroth
Selbstbewusst

Als selbstbewusster Ehemann
hab ich zu Haus die Hosen an,
selbst wenn ich, was ich keinem sage,
darüber eine Schürze trage.

Peter Häring
Sissi – Flegeljahre einer Kaiserin

»Lieber Franz, ich sag adieu
und reise kurz nach Gödöllő.
Dort treffe ich Graf Andrássy
und habe Sex bis in der Früh.«

»Ach, liebe Sissi, das ist schön,
ich wünsch dir Spaß, auf Wiedersehn.«

»Mein lieber Franz, du hörst nicht zu,
ich sagte eben, was ich tu:
Seh ich in Gödöllő den Grafen,
dann werd ich heftig mit ihm schlafen.«

»Ist schon Recht, Elisabeth,
die Hauptsach' ist, es gibt kein G'red.«

»Na, du bist mir ein schöner Gatte.
Da geb ich mich auf fremder Matte
nackend einem Mannsbild hin,
und du meinst nur, das wär nicht schlimm?!«

»Ach Sissilein, ich weiß seit Jänner,
der Andrássy steht nur auf Männer.«

Elisabeth Kuhs
Gefunden

Ach, wie war er so sensibel,
höflich, hübsch und kompatibel,
anschmiegsam, adrett, athletisch,
musikalisch, sanft, ästhetisch,
war belesen, lieb zu Tieren,
hatte Stilgefühl, Manieren,
ob in Freude oder Schmerz:
Er begriff der Frauen Herz.
Stets verstand er die Gedanken,
all ihr Sinnen, Trachten, Schwanken.
Ja, er fühlte dabei immer
fast schon sich als Frauenzimmer.

Doch wie er sie auch verehrte,
keine gab's, die ihn begehrte.
Und er merkte ziemlich zeitig:
Niemals war es gegenseitig.
Zwar erzählten hoch erfreut
alle ihm ihr Herzeleid,
teilten mit ihm Schmerz und Tränen,
Seufzer, Liebesqual, Migränen,
doch er selbst war leider nie
Gegenstand der Sympathie.

Drum hat, als er das erkannt,
er sich Herren zugewandt.
Und er wurde augenblicklich
heiß verehrt, geliebt – und glücklich.

K. U. Robert Berrer
Schwierige Lage

Sie lagen beieinander in den Nächten –
am Sonntag manchmal auch bis früh um zehn.
Und schliefen für sich. Den Schlaf der Gerechten.
Das ist der, wo nichts geschieht beim Gescheh'n.

Solcherart macht das Liegen nicht verlegen.
Es ist nicht eins, liegt man »bei« oder »auf«.
Für sie lag in des Liegens »bei« ein Segen.
Er nahm das Beizuliegen stumm in Kauf

und wartete auf eine andre Lage.
Beigelegt kam er sich vor wie ein Schaf.
Doch mehr als »bei« kam für sie nicht in Frage.
Und das auch nur beim Liegen, nicht beim Schlaf!

So stand es fest. Er würd' ihr unterliegen,
ohne, dass er dabei unter ihr läg'.
Auflagen waren von ihr nicht zu kriegen.
Nur Beilagen. Mein Gott, wie war das schräg!

Horst Reindl
Striptease

»Donald«, sagte Micky Maus,
»ich zieh mich jetzt nackig aus.«
Darauf sagte Donald Duck:
»Ich mich auch, das geht ruck-zuck.

Jeder von uns, welches Glück,
hat ja nur ein Kleidungsstück.
Machen wir die Knöpfe lose,
ich beim Frack, du bei der Hose.«

Ganz schnell waren dann die zwei
nackig, nackt und Nackedei.
Und nachdem sie dies getan,
zogen sie sich wieder an.

Michael Wäser
Übung im Konjunktiv

Wenn ich ein Vöglein wär
und auch zwei Flügel hätt
und ich den Weg wüsste
und nicht morgen früh zur Arbeit müsste
und mein Rücken nicht so schmerzte
und meine Katze mich nicht herzte
und es draußen nicht so frieren tät
und ich ein Geschenk für dich hätt
und der Wein mir nicht gerade so schmeckte
und meine Oma nicht gerade verreckte
und ich ein Haus besäße
und nicht so viel Tiefkühlkost äße
und mir die Ohren nicht sausten
und die Winde mein Haar nicht zerzausten
und ich nicht ein Buch schreiben sollte
und die Amsel vorm Fenster zu singen aufhören wollte
und ich Lust verspürte
und mich dein Bitten rührte
und die Zeitung nicht so trübe schriebe
und mir mehr vom Feierabend bliebe
und ich nicht in Erinnerung wühlte
und ich noch Liebe fühlte
und ich meine rechte Socke fände
und mir jemand den Finger verbände
und die Zeit nicht so eilig zerrönne
und ich diesmal im Lotto gewönne
und es nicht noch irgendwas Anderes gäb
flög ich ganz bestimmt zu dir

Andrea Rau
Bis dass der Tod sie scheidet

Nicht immer ist die Ehescheidung
geeignet zur Problemvermeidung,

es gibt auch andre Möglichkeiten,
das Eheende einzuleiten.

Vorbild kann sein die Belletristik,
sie informiert, wie geht es richtig,

erwähnenswert ist Ingrid Noll,
die weiß, was man als Frau tun soll.

Sie kennt sich gut mit Pilzen aus,
hat Bärlauch, Maiglöckchen im Haus

und kocht daraus grandios, superb,
obwohl bisweilen etwas herb,

ein herzhaft leckeres Gericht,
das treibt ein Lächeln ins Gesicht,

denn Morden durch des Mannes Magen
verschafft ein letztes Wohlbehagen.

Warm empfohlen zur Lektüre:
Scheidung durch die Hintertüre.

Elisabeth Kuhs
Dem Reinen ist alles rein

Seh'n Sie da? Den dunklen Fleck?
Ich krieg und kriege den nicht weg.
Scheuerpulver und Benzin,
Fleckenwasser, Terpentin,
Wasser, Seife, Chlor, Chemie,
Essig, Homöopathie,
hab gerieben und geputzt –
nix! Hat alles nix genutzt.
Das is' Blut. Von meinem Ollen.
Der hat mich verlassen wollen.
Hat gesagt, ich putz zuviel.
Da traf ihn mein Besenstiel.
Typisch für den alten Geck.
Selbst im Tod macht er noch Dreck.

VI. Gott und die Welt – Schöpfung und Kirche

Erich Carl
Das Jüngste Gericht

Der Jüngste Tag, er war gekommen.
Gottvater hatte Platz genommen
auf dem Himmelsthron als Richter
der Guten und der Bösewichter.

Die zur Rechten er entließ
gleich zu sich ins Paradies,
dann sprach er zu der Schar der Linken:
»Ihr Frevler aber sollt versinken
allesamt von dieser Stelle
in den tiefen Schlund der Hölle.«

Auf einmal drängte nach ganz vorn
mit Schaum vorm Mund, den Blick voll Zorn,
dynamisch, groß, gelb-blond das Haar,
ein Mann aus der Verdammten-Schar,
klatschte rhythmisch in die Hände,
Beifall heischend im Gelände:
»Was laberst du für einen Fez?
Es steht von den United States
der Präsident vor dir, kapiert?
Ich glaub' es nicht, was hier passiert!
Hab ich nicht meinem Volk erspart
'ne Weiberherrschaft deutscher Art?
War ich es nicht, der für sein Land
dem Klimaschwindel widerstand?

Was hab Dekrete ich signiert,
die Lügenpresse drangsaliert,
mir die Finger wund getwittert
stets und ständig, unerschüttert,
mich keiner Peinlichkeit verwehrt –
und du hast davon nie gehört?
Wie oft erfreute ich speziell
die Damenwelt, rein manuell!
Ganz nebenbei, dir Ignorant
ist noch etwas wohl nicht bekannt:
Ich frage dich jetzt schlicht und cool:
Wieso sitzt du auf meinem Stuhl?«

Wolfgang Rödig
(ohne Titel)

Ein Heide hat den größ'ren Spaß
und kann sich mehr erlauben
und muss, wenn er mal beißt ins Gras,
auch dann noch nicht dran glauben.

Jörg Borgerding
Luther in Wittingen

Weil Luther am Kreuze den falschen Weg nahm,
geschah es ihm, dass er nach Wittingen kam –
und nicht in die Sachsenstadt Wittenberg, wo
er aufmüpfen wollt, wegen Ablass und so.

Er brauchte ein Obdach, es war späte Stund',
er schlug eine Haustür, so fest wie er kunnt.
Laut grölte er: »Hier steht ein Re-for-ma-tor!«
Sein Lärmen erreichte des Hausherren Ohr.

Tatsächlich hat man ihm gleich Einlass gewährt.
Es wurde gespeist und manch Humpen geleert!
Man bot ihm ein wärmendes Lager zur Nacht,
und tags darauf wurd' ihm ein Frühstück gemacht.

Gesättigt ist Martin gen Sachsen gereist.
Sein Gastwirt, er sprach dann zur Nachbarsfrau: »Weißt',
der Mann, der bei uns heut logierte, der war
meschugge, plemplem und im Kopf nicht ganz klar!

Er sagte, es stünde ein Reh vorn am Tor!
Doch war da gar keins, nur der Kerl, laut wie'n Chor!
Er prostete Tanten zu! Und hat die Stirn:
Will knapp hundert Tresen dem Papste servier'n!

Ein Säufer, ein Spinner, ein ganz armer Wicht!
Solch' Typen wie den braucht die Welt wahrlich nicht.
Sein Halluzinieren – das währet nicht lang,
das hör'n wir nie wieder, dem Herrgott sei Dank!«

Martin Möllerkies
Aus den Geheimarchiven des Vatikans:
Private Korrespondenz der Päpste

Wir haben gestern Nacht zu viert
den neuen Messwein degustiert.
Jetzt haben alle einen Kater.
Mit müdem Gruß
                            Der Heil'ge Vater

Beim Hochamt frag ich mich verdutzt:
Wer hat die Hostien verputzt?
Bestimmt der Küster von St. Peter.
Es grüßt Dich
                            Christi Stellvertreter

Du bist die schärfste aller Nonnen,
Du bist so heiß wie tausend Sonnen.
Doch dass Du Dich dem Abt ergabst,
das sollst Du büßen. Gruß
                                    Der Papst

Verzeiht, mein lieber Kardinal,
dass ich mich aus dem Beichtstuhl stahl.
Ihr beichtet stets dasselbe: Sex.
Das langweilt mich.
                                    Der Pontifex

Hab mich mit dem Kaplan verkracht.
Der Grund ist, dass er Selfies macht
vor dem Altar des Petersdoms.
Das geht zu weit!
                                  Der Bischof Roms

Errötend säuselt Schwester Clara:
Ihr seht so gut aus mit Tiara!
Jetzt brauch ich erstmal eine Grappa.
So viel für heute. Ciao
                              Il Papa

Mein lieber Horst, als echter Bayer
gehst Du mir ganz schön auf die Eier.
Jetzt gib amoi a Ruah – verpiss Di!
Empfiehlt
                      Der Stellvertreter Christi

Katharina Lankers
Der Konfirmator

Wer kann Jugendliche zwingen,
Kirchenlieder laut zu singen
und die Bibel mitzubringen?
Das ist der Konfirmator.

Wer hebt gütig seine Hände,
spendet Segen ohne Ende
und beschallt die Kirchenwände?
Klar, der Konfirmator.

Wer trägt gerne schwarze Roben,
holt sich Beistand von ganz oben,
lässt uns Krippenspiele proben?
Unser Konfirmator.

Wer zählt sonntags seine Schafe,
quält sie aus dem Morgenschlafe,
setzt sie ganz nach vorn zur Strafe?
Nur der Konfirmator.

Wer beherrscht die ganzen Psalmen,
wedelt Zweige von den Palmen,
predigt, bis die Ohren qualmen?
Ach, der Konfirmator.

Wer erklärte uns den Glauben?
Konnte sich dabei erlauben,
uns den letzten Nerv zu rauben?
O je, der Konfirmator.

Doch, trotz all diesem Verdruss –
wer bescherte uns zum Schluss
feierlichen Hochgenuss und Tortenguss im Überfluss?
Auch der Konfirmator!

Denn als Lohn für die Gebete
gab's auf unsrer Riesenfete
Briefumschläge voller Knete!
Also ist doch – wenn auch späte –
Dankbarkeit für ihn ein Muss
und ein Gläschen Sekt mit Schuss
für unsern Konfirmator!

Jörn Heller
Pater Gereon

Der alte Pater Gereon
erwischt beim Singen keinen Ton.
So klingt bisweilen der Choral
in seinem Kloster atonal.

Vom Morgen- bis zum Nachtgebet,
von Laudes an bis zum Komplet
singt Gereon seit Jahren schon
die Melodien monoton.

Er kann kein F, er kann kein Fis,
er trifft kein G und auch kein Gis,
er singt seit sechzig Jahren Cis,
weshalb er Cistercienser is.

Christian Schomers
Vorschlag zur Verbesserung der Schöpfung

Zwei Hände gab uns Gott. Und das war richtig,
denn dadurch ist der Mensch so tüchtig.
Zwei Füße gab er uns zum Stehen,
zwei Beine, um damit zu gehen.
Man sieht: Er handelte sehr klug –
zum Hüpfen wär schon eins genug.

Er hat verstanden, dass zwei Augen
zum Sehen weitaus besser taugen
als eines. Und die Schönheit litte,
gäb es ein einziges nur – in der Mitte.

Der Schöpfer, den ich hier so preise,
er war geschickt. Doch war er weise?
Sein Ratschluss ist wohl unergründlich,
denn eines bleibt mir unerfindlich:

Was ist mit jenem Teil des Mannes,
mit dem er tut – vorausgesetzt er kann es –,
was man so tut, damit die Erde
auch künftig nicht entvölkert werde,
ein Teil so wichtig wie privat –
warum ist das ein Unikat?

Hier wäre doch zu unsrem Heil
erforderlich ein Doppelteil!
Da gäb es eines für die niederen Pflichten
(auch die sind nun mal zu verrichten)
und eines für die höheren Triebe
(man spricht in diesem Fall von Liebe).

Hier aber hat – Gott sei's geklagt! –
der Schöpfer jämmerlich versagt.
War er vielleicht ein bisschen prüde?
War er am sechsten Tage müde?
War er zum Schöpfen zu bequem?
Am Ende fehlte ihm der Lehm?

Hat er sich was dabei gedacht?
Hat er's mit Absicht so gemacht?
Verfolgte er da einen Plan,
den nur der Mensch in seinem Wahn
nicht sieht? Tat er's aus Gnade?

Wir werden's nie erfahren, schade.

Norbert Leitgeb
Schrecklicher Verdacht

Als Gott dereinst die Welt gemacht,
hat er mit Sorgfalt es bedacht,
dass alles, bis zum kleinsten Zeck
getreu erfülle einen Zweck!

Dies äußerst nützliche Prinzip
war durchaus auch den Menschen lieb,
zwar nicht sogleich im Paradies,
doch dann, als Er sie schuften ließ.

Seither zeigt sich der Nutzen schon
am Namen einer Profession:
*Der Jäger jagt, der Lehrer lehrt,
der Bäcker bäckt, der Fahrer fährt,
der Fischer fischt, der Richter richtet,
der Koch bekocht, der Dichter dichtet ...*

Kurzum, seit jener Zeit bis heut
erkennt man Zweck und Tätigkeit:
Der Name zeigt, wozu wer gut,
ob wer und wenn, *was* jemand tut.

Doch setzt die Regel, bei der Sicht,
auch die Beamtenschaft ins Licht:
Behörden, merkt man, sind bescheiden:
Dort muss ein Amt man bloß *bekleiden*!
Jedoch macht stutzig leider nun:
»Bekleiden« heißt ja noch nicht »tun«!

Und auch »Beamter«, dieses Wort,
nennt nicht das Tun, nein, bloß den Ort,
bezeichnet nicht, was er dort *macht*, ...
... da regt sich schrecklicher Verdacht!

VII. Der Tod und andere Unannehmlichkeiten

Jörn Heller
Letzter Wille

Ich möchte gerne Asche sein,
wenn ich mal nicht mehr bin.
Erspart die Kosten euch fürs Grab
und streut mich sonst wo hin.

Nicht deshalb, weil ich schrullig wär,
nicht darum, weil es Mode.
Ich war mein Leben lang zerstreut,
warum nicht auch im Tode?

Doch wenn ihr mich begraben wollt,
lasst Rasen auf mir sprießen.
Der Wind sorgt für die Blütenpracht,
der Himmel sorgt fürs Gießen.

Die Kühe kümmern sich ums Gras,
die Würmer sich um mich,
die Hasen um den Löwenzahn,
und düngen tue ich.

Andreas Kley
Katholische Variante

Wer schon tot ist,
muss nicht sterben.
Das hat er geschafft.
Aber vor ihm
liegt Verderben.
Einfach grauenhaft.

Wer schon tot ist,
hockt im Himmel
oder anderswo.
Bei entsetzlichem
Gebimmel.
Glocken oder so.

Wer schon tot ist,
sieht den Engeln
oder Teufeln zu.
Wie sie hin zu
ihm sich drängeln,
ohne Rast und Ruh.

Wer schon tot ist,
ist gefangen
Ewigkeiten lang.
Teufel foltern ihn
mit Zangen,
Engel mit Gesang.

Wer schon tot ist,
wird in Tränen,
doch vergeblich schreien.

Wer schon tot ist,
wird sich sehnen,
endlich tot zu sein.

Andreas Kley
Heines Tod

Heine lebte in Paris
bis zu seinem Tode.
Ach, ihn fraß die Syphilis.
Schlimme Episode.

Heine hatte an der Seine
sie sich eingefangen.
Denn er stillte bei Madeleine
gerne sein Verlangen.

Dreimal täglich garantiert
auf ihr Laken sank er.
Doch Madeleine war infiziert
mit dem harten Schanker.

Ihn befiel der Knochenfraß,
wie man's damals nannte.
Heine ganz gebrochen saß
auf des Bettes Kante.

Seine Kraft, so sehr geschätzt –
wo war sie geblieben?
Dennoch hat er bis zuletzt
immer noch geschrieben.

Klaren Kopfes, wie es scheint,
leidend an Nekrosen,
starb er still und unbeweint
dort bei den Franzosen.

Heines Grab, schlicht, nicht verspielt,
liegt nun am Montmartre.

Heine – war das der, der schielt?

Nein.

Das war der Sartre.

Nikos Saul
**Als er einmal hungrig
über den Kölner Südfriedhof ging**

Wenn man hier liegt, hat man mit Brot
sehr viel gemeinsam: Man ist tot,
da, wo man liegt, steht, wie man heißt,
und irgendwann ist man verspeist.

Georg Klinkhammer
Ein Mann (hatte die Lösung)

Ein Mann ertränkte seinen Kummer,
doch nicht wie andre mittels Bier.
Vielmehr – das war 'ne tolle Nummer –
ging er ins Wasser nah am Pier.

Manfred Rothengatter
Suizid

Ja, endlich will ich mich bequemen,
zum guten Schluss das Leben nehmen.
Denn wer im Leben nichts erreicht,
dem fällt das Leben-Nehmen leicht.

Im Herbst des Lebens, da erblüht:
der Suizid, der Suizid.
Gar vieles lässt sich so vermeiden,
zum Beispiel Hämorridenleiden.

Krakeelt der Nachbar immer schlimmer,
dann geh ihm aus dem Weg – für immer.
Sobald das Lebenslicht erlischt,
erlischt zugleich die Steuerpflicht.

Das Leben ist so überflüssig,
drum bin ich seiner überdrüssig.
Doch wie, ja wie, wie mach ich's bloß
und werde es am schnellsten los?

Ich könnte mich zu Tode saufen
und danach in ein Auto laufen.
Ich könnte auch ... mit einem Seil,
doch geiler wär ein scharfes Beil.

Ich sehne mich nach meinem Ende;
wie schön, wenn ich es endlich fände.
Gar überirdisch wär die Ruhe
dort unterirdisch in der Truhe.

Ihr Erben reibt euch schon die Hände
und hofft, dass ich ganz schnell verende.
Den Spaß, den werd ich euch verderben –
und weiterleben – statt zu sterben.

Walther Stonet
Leiter

Ein Mensch steht rätselnd an der Gruft,
Als ihn der Teufel ruft, der Schuft.
Das ist probat, er fällt hinein,
Das hält die Sterbekosten klein.

Den Erben bleibt so mehr zum Erben.
Doch dieser da mag's Spielverderben.
Kaum ist er unten angekommen,
Erhebt er sich und sagt benommen:

»Beim Teufel, so wird nicht gewettet.
Ich rufe laut, dass man mich rettet!«
Da kommt vom Himmel eine Leiter.
Er steigt hinauf und lächelt heiter.

Horst Reindl
Tragödie

Ein Spargel wuchs einst kerzengrad
und senkrecht in der Erde.
Er hoffte, dass er nicht Salat
und auch nicht Auflauf werde.

Er wollte doch nur an das Licht
und kämpfte drum seit Wochen.
Das Tageslicht war schon in Sicht –
da hat man ihn erstochen.

Katharina Lankers
Kleines Drama beim großen Frühstück

Der Löffel sprach zum Ei:
»Ich hau dich gleich entzwei!
Dass deine Schale knackt,
dann pellt man dich halbnackt.
Haha, wie ich mich freu,
gleich ist's mit dir vorbei!«

Da gab das Ei zurück:
»Du hundsgemeines Stück!
Mir unbewehrtem Tropf
zu schlagen auf den Kopf!
Hast du denn mit 'nem armen
Geschöpf gar kein Erbarmen?«

Der Löffel hielt kurz inne
und rief: »Ich glaub, ich spinne!
Wenn ich mich um dich kümmere
und dir das Dach zertrümmere,
tu ich ein gutes Werk,
du ahnungsloser Zwerg!

Doch bitte – wie du magst:
Dass du dich nicht beklagst,
wenn ich dich nicht entkleide
und Schlimmeres vermeide!«
Er zog sich still zurück
mit eingeschnapptem Blick.

Das Ei war hochzufrieden,
dass ihm jetzt Ruh' beschieden.
Da bäumte sich das Messer,
sprach leis: »Ich kann's viel besser!«
Und mit eiskalter Seele
durchtrennt's dem Ei die Kehle.

VIII. Neues aus der Physik

Volker Henning
Die Standuhr

Eine Standuhr, keine Fragen,
die soll uns die Zeit ansagen,
dabei liegt es auf der Hand:
Diese Uhr geht nur im Stand.

Sollte sie jedoch mal stehen
und das Werk der Uhr nicht gehen,
kann es sein, wenn sie nicht geht,
dass die Uhr nicht richtig steht.

In dem Fall, dem äußerst dummen,
muss die Standuhr ja verstummen.
Auch ertönt dann, mangels Gang,
weit und breit kein Glockenklang.

Will die Uhr partout nicht schlagen,
kann mit Sicherheit man sagen,
dass sie steht, das blöde Ding,
weil sie vordem ja noch ging.

Eine Standuhr, die muss gehen,
die darf nie und nimmer stehen,
wobei sie am besten geht,
wenn sie ganz präzise steht.

Günter Detro
Das Pendel, das nicht mehr wollte

Ein Pendel legt zu seinem Zwecke
stets zurück die gleiche Strecke.
Von A nach B, von B nach A,
erst ist es hier, dann ist es da.

Ein Kick in einem Pendelleben
ist offensichtlich nicht gegeben.

Ein Pendel wollte nicht mehr pendeln,
beschloss, das Pendeln zu beendeln,
und für den neuen Ruhestand
den Zielort B ganz passend fand,
schlug aus wie stets zu diesem Ort,
begab sich aber nicht mehr fort,
verweigerte das zweite Stück
vom Orte B nach A zurück.
Man warf ihm vor, das wäre stur,
entspräche auch nicht der Natur,
nach der es wäre festgelegt,
wie ein Pendel sich bewegt.
Und ein Verweilen ohnehin
gäb's überhaupt nur mittendrin
und nicht an seines Weges Wende,
der Schwerkraft dies entgegenstände.
Das Pendel konterte nicht dumm,
es sei ein *one-way-pendulum*.

Peter Häring
Der Wasserfall

Ein Fluss treibt schläfrig durch den Wald,
als er von vorne Donner hört.
Doch lässt ihn das Getöse kalt,
denn Sinn und Geist sind noch betört.

Urplötzlich geht es steil nach unten,
der Schrecken kalkt sein Antlitz weiß,
und für die Dauer von Sekunden
dreht sich die Welt für ihn im Kreis.

Am Ende taucht er schäumend ein,
kommt prustend hoch und treibt schon weg.
Die Freude könnt nicht größer sein:
Er fiel nur in sein eignes Bett.

Volker Henning
So ein Käse

Der Albert Einstein, ohne Hohn,
entdeckte einst das Käsetron,
das jeden Käse auf der Welt
fest kovalent zusammenhält.

Das Käsetron umkreist extern
auf einer Bahn den Käsekern,
der seinerseits, berechnet kühl,
ist Teil vom Käse-Molekül.

Der Käsekern ist klein, massiv
und stets elektrisch positiv.
Das Käsetron dagegen scheint
eher negativ, wie Einstein meint.

Sehr häufig wird das Käsetron
jedoch auf seiner Rotation,
wenn es den Käsekern umkreist,
herausgeschleudert, es entgleist.

Dann klafft im Nu mit Affenzahn
ein Loch dort auf der Umlaufbahn,
worauf der Käse, lochbedingt,
ob des Verlustes schrecklich stinkt.

Herr Einstein kam bei dem Gestank,
man möchte sagen: »Gott sei Dank«,
am Ende so zum Resultat:
$E = M \cdot C^2$ *(sprich: **E** gleich **M** mal **C** Quadrat)*

Erläuterung:
Der Gestank / Emission **(E)** ist das Produkt aus der Käsemasse **(M)**
und der zum Quadrat erhobenen Umgebungstemperatur
in °**C** (Celsius); will heißen: je größer die Käsemasse und je wärmer
die Temperatur, um so größer ist der Gestank.

Susanne Fuß
Die Teilchenfalle
(zur Entdeckung des Higgs-Teilchens am Ringbeschleuniger im CERN)

Das Proton stellte sich den Fragen,
Was gestern Nacht sich zugetragen.
Der große Ring, der schien ganz frei –
So dachte es sich nichts dabei.
Gestand dann in Verlegenheit
Beschleunigte Geschwindigkeit.
Ein Geisterfahrer schoss entgegen,
Der kam ihm denkbar ungelegen.
Zur Kollision sei es gekommen –
Nur davon wär es leicht benommen.

Das Tribunal es scharf betrachtet,
Auf jede Regung peinlich achtet.
»Kann es sein, dass Sie schon lallten,
Als sie im Ring zusammenprallten?«
Das Proton ward hier merklich vage
Bei der Beantwortung der Frage.
»Ich glaub', dass ihr im Trüben fischt.
Mehr sag ich nicht –
            (Higgs)«
                   »Ha! Erwischt!«

Elisabeth Kuhs
Sekundenkleber

Ein kreativer Totengräber
erfand einst den Sekundenkleber.

Er sagte sich: Kleb ich Sekunden,
spar ich damit auf Dauer Stunden.

Wenn zweie aneinanderhangen,
ist ja nur eine erst vergangen.

Das heißt, ich spare höchst gescheit
in Zukunft eine Menge Zeit.

Doch brauchte er, um zehn Sekunden
fest zu verkleben, knapp zwei Stunden.

Vergleicht man jetzt Verlust – Gewinn,
wird klar: Das hatte wenig Sinn.

Da kam er dann auch selber drauf
und gab das Kleben wieder auf.

Horst Reindl
Wechselstrom

Bei uns, da kommt der Strom ganz lose
immer aus der Wandsteckdose,
worauf er in die Lampe quillt
und diese bis zum Eichstrich füllt.
Dort bilden Volt sich und Ampere.
Das macht die Lampe wieder leer,
wobei der Strom sogleich entweicht
und wieder in die Dose schleicht.
Worauf das Spiel von vorn beginnt
und Strom flugs in die Leuchte rinnt.
So wechselt Strom sein Wohnquartier
von Dosen da nach Lampen hier,
zurück dann über Watt und Ohm,
drum heißt das Ganze Wechselstrom.

Michael Köhler
Ruhm-Fahrt

Ein Astronaut flog fix durchs All,
und dieses ohne jeden Schall.

Irgendwann kam er jedoch
vorbei an einem schwarzen Loch.

Das musste grade gähnen
und schluckte eben jenen.

Der Arme ist nun weltbekannt,
wurd' doch das Loch nach ihm benannt.

IX. Digitalyrisch

Jürgen Miedl
#Gedichtmit140Zeichen

Oft ertönt das Klagelied:
Was passt schon in einen Tweet?
Ob man so gekürzt
in den Stumpfsinn stürzt?
Aber nein!
140 Zeichen
sollten locker reiche

Frank Giesenberg
Anregung für den Dichter von seinem Leser

Lass Kadenzen, all den Flitter,
Dichter, alter Reimeschmied,
die Metaphern, all den Glitter,
damit stößt du auf Granit!

Mach es kurz, es reicht ein Splitter,
sing der Welt ein andres Lied!
Lass das Dichten, Dichter, twitter
uns mal lieber einen Tweet!

Fritz-J. Schaarschuh
Internetadressen

Du darfst zuhause nicht mehr qualmen?
Will Liebeskummer dich zermalmen?
Dann geh doch mal ins WWW,
zum Beispiel zu *dasWeib.de*.

Die Galle zwickt, die Nieren schmerzen,
und macht er's noch, der Stent am Herzen?
Kein »Aua!« hilft und kein »Oweh«,
dir hilft allein *halt-durch.de*.

Wer ist die kühle Unbekannte,
die vorhin übern Weg mir rannte?
Tanzt sie vielleicht im Eisballett?
Ich schau schnell nach bei *eisweib.net*.

Bescheidenheit und Demutshaltung
sind Wesen unsrer Sparverwaltung.
Wo ich das schwarz auf weiß mal seh?
Auf keinen Fall bei ... *dot de*.

Hast du zur Dieselkrise Fragen?
Willst wissen, was Experten sagen?
Doch *DieselminusRat.de*
lobt Diesel übern grünen Klee.

Er schüttelt seine fetten Locken,
trägt feinsten Zwirn bis zu den Socken.
Hygienezeug wird eingespart
bei *Starkoch.com/Max-Suppenbart*.

Den Wein gibt's auch in Plastikflaschen.
Ob's schmeckt? Dann lass dich überraschen!
Die Korken sind oft nicht aus Kork.
Warum? Sieh nach bei *Flasche.org*.

Jörn Heller
Pixeltherapie

Endlich kann man wieder lachen,
sind wir jung und schön wie nie,
seit wir schonend uns behandeln
mit der Pixeltherapie.

Welke Fratzen und Visagen,
alle haben straffe Lider,
die verknittertsten Gestalten,
man erkennt sie nicht mehr wieder.

Fräulein Petra wirkt auf Bildern
jetzt wie kurz vorm Abitur,
und von ihren Krähenfüßen
sieht man nicht die kleinste Spur.

Beinah wirkt sie wie ein Model
und das Model wie gemalt,
dabei hat doch ihr Verlobter
nur den Photoshop bezahlt.

Endlich kann sie wieder strahlen,
macht ihr Anblick wieder Spaß,
und vermutlich beißt sie später
mal als Teenager ins Gras.

Heike Dahlmanns
Das elfte Gebot

Es stieg einst Moses, alt und grau,
vom Berge Sinai herab.
Er war um zehn Gebote schlau,
die er den Menschen gab.

Doch Moses ist schon lange tot,
die Welt hat sich geweitet;
jetzt gibt's ein weiteres Gebot,
eins, das die Menschheit leitet.

Und seine Botschaft lautet klar:
Du sollst mobil sein immerdar!

Und so begab sich's hierzuland,
dass nicht der Hund mehr – das ist trist –,
jedoch das Smartphone in der Hand
des Menschen treuer Freund nun ist.

Und ihn begleitet dies Gerät
auf allen seinen Wegen.
Egal ob früh, egal ob spät:
Sein Handy ist sein Segen.

Den Hals gebeugt, den Blick gesenkt,
so läuft er durch die Straßen.
Er keinen Blick der Umwelt schenkt,
den Autos nicht, die rasen.

Allzeit mobil in dieser Welt!
Ganz streng befolgt er dies Gebot,
bis er vor einen Laster fällt.
Jetzt ist der Gute tot.

Und die Fangemeinde twittert:
RIP – ganz unerschüttert.

Elisabeth Jumpelt
Ich habe eine kleine Maus

Ich habe eine kleine Maus,
die werkelt hier bei mir im Haus.
Es fehlt ihr zwar der Mauseschwanz,
jedoch ansonsten ist sie ganz.

Wir arbeiten so Hand in Hand
und fühlen uns im Geist verwandt.
Doch eines Morgens – oh, welch' Graus! –,
da bremste sie den Cursor aus.

Der Cursor streikte auf der Strecke,
so mittendrin, im Internette.
Und selbst bei Spiel und Solitär,
da lief ganz plötzlich gar nichts mehr ...

Ich fummelte so her und hin
(weil ich ja schon Expertin bin),
jedoch nach etlichen Versuchen,
trotz Drohgebärden und trotz Fluchen,

da war komplette tote Hose
in meiner Flach-Computer-Dose.
Ich war frustriert, schmiss alles hin.
Da kam mir etwas in den Sinn:

Für den, der hier Probleme hat,
gibt es bei Google guten Rat,
das hatte ich schon mal gelesen.
Es tat mir leid, das kleine Wesen.

Google will jetzt dein Kennwort wissen.
Vielleicht hat es der Mausezahn zerbissen?
Du gibst es ein, doch geht's nicht weiter.
Jetzt wird dir klar: *Der* Tag wird heiter!

Der Bildschirm fragt nach lauter Dingen,
die dich der Lösung näher bringen.
Die meisten sind zwar für die Katz,
und grad für *die* ist hier kein Platz!

Dann rät dir Google, alles auszuschalten.
Zu neuer Maus anstatt der alten.
In tiefer Trauer und voll Schmerz
drückst du das Mausetier ans Herz.

Wie es dir treu zur Seite stand,
wie ein Soldat dem Vaterland.
Und auch im Draggen und im Droppen,
da war sein Eifer kaum zu toppen!

Du denkst an Tierschutz und an Schrott,
glaubst nicht mehr an den lieben Gott.
Auch eine Maus ist ja ein Tier.
Vielleicht liegt das Problem bei dir?

Vielleicht bist du 'ne schlechte Mutter,
und Mausi braucht vielleicht nur Futter?
Jetzt hieß es handeln, und zwar flott,
sonst droht ihm der Elektroschrott.

Ich dachte mir, wär doch gelacht,
warum hab ich nicht dran gedacht:
vielleicht braucht Mausi *Batterien*,
dann würd sie auch den Cursor zieh'n

und alles wär in bester Butter
und ich bin ihre liebe Mutter!
Ich schob den Rückenschild herunter,
tauschte die Batterien aus ...

Im Nu war's Mäuslein wieder munter,
für sie war es ein Festtagsschmaus!
Die superschlau'n Computercracks,
die sind für mich und Mäuslein EX!
Ein Klicken hier – ein Klicken da ...

Und weiter geht's,
HALLELUJAH!

X. Schwer ist so ein Dichterleben

Andres Kley
Vernichtung durch Dichtung

Kann ein Dichter mit Gedichten
irgendjemanden vernichten?

Beispielsweise andere Dichter?
Oder Pfarrer? Oder Richter?
Schrankenwärter? Polizisten?
Heilsverkäufer? Extremisten?
Dünnbrettbohrer? Saubermänner?
Arrogante Pinkel? Penner?
Hütchenspieler? Wasserträger?
Unbelehrbare Verleger?
Renitente Querulanten?
Väter, Mütter, Onkel, Tanten?
Große Schwestern? Kleine Brüder?
Selbsternannte Ordnungshüter?
Schreckgespenster dunkler Nächte?
Falsche Freunde?
Oder echte?

Und so weiter? Und so weiter?

Dass sie sterben und verwesen?

Ja. Das kann ein Dichter.

Leider wird er aber kaum gelesen.

Monika Clever
**Erkenntnis des zweisprachigen Poeten
bei der Schreibblockade**

Schwarzer Stift und leere Blätter
Umgekehrt wär's auch nicht *better*

Achim Amme
Unter Dichtern

Soll ich fluchen, soll ich schrei'n?
Nein, das lass mal lieber sein.

Soll ich jammern, soll ich klagen?
Nein, das kann kein Mensch ertragen.

Soll ich tolle Possen treiben?
Nein, das lässt du lieber bleiben.

Soll ich aufhör'n, wie die meisten?
Nein, das kannst du dir nicht leisten.

Soll ich tausend Euro wetten?
Nein, das würde dich nicht retten.

Soll ich schweigsam sein und still?
Nein, du weißt doch, was ich will.

Ja, verdammt, was soll ich machen?
Lass es krachen, lass es krachen!

JE
Dichter

Sagt man über dich
Du seist nicht ganz dicht
Dann schreib' doch ein Gedicht
Denn mit dem Dichten
Wird man

Dichter

Joachim Rademacher-Beckmann
Lebenswerk

Seit fünfzig Jahren schreib ich Verse.
Mit fünfzehn waren es perverse,
mit dreißig waren's kontroverse,
mit fünfundvierzig so diverse.

Das Reimen klebt mir an der Ferse.
Doch wen interessiert das schon?
Zumal: Ich geh bald in Pension!

Volker Henning
Dichterknaben

Neulich hat man mir berichtet,
dass ein Dichter nur gut dichtet,
wenn er nicht aufs Bier verzichtet
und es gleich im Glas vernichtet.
Diesem hab' ich ungesichtet
sofort auch gleich beigepflichtet.

Darum sollten Dichterknaben,
wenn sie in die Kneipe traben,
um sich dort am Bier zu laben
und den Stumpfsinn zu begraben,
zwecks Erleuchtung ihrer Gaben
regelmäßig Freibier haben.

Diesem ist, es muss genügen,
wohl nichts mehr hinzuzufügen.

Georg K. Berres
Der Dichter

Der Dichter sitzt in seiner Klause,
dichtet eifrig, macht mal Pause.
Beschreibt, was unsre Welt bewegt
oder was sich in ihm regt.
Er schafft Werke voller Kraft,
voller Witz, voll Geist, voll Saft.
Leider keins, das sich verkauft.
Das ist der Grund, warum er sauft ...

XI. So tief der Sinn …

Jan-Eike Hornauer
Am Ende
oder: Ein Weg des Scheiterns in der Wissenschaft

Ich suche eine Prämisse …
Da isse!

Und jetzt 'ne Hypothese …
Ich seh' se!

Und nun ein Resultat …
… … … wie schad'!

Evelyn M. Meessen
Guter Rat

»Lass bloß die Finger davon!«,
sprach Sokrates zu Platon.

»Du solltest das Philosophieren
auf keinen Fall studieren.

Es hilft dir weder Fleiß noch Geist,
nach vielen Jahren und noch mehr Schweiß
weißt du dann nur, dass du nicht(s) weißt.

Nimm lieber BWL,
macht nicht viel Spaß,
geht aber schnell.«

Alexander Mühlen
Ganzheitlich

Mein Beitrag klingt neugnostisch-esoterisch
Der Menschheit Schicksal absorbiert mich gründlich
Drum mach' ich das Gelöbnis, vorerst mündlich
Wo andre ihren Unrat hin tun, kehr' ich

Zum Forschungszweck begebe ich ans Meer mich
Dort les' ich in den Wellen beinah stündlich
»Das Gleichgewicht des Seins ist sehr empfindlich«
Fast klingt's, als äße die Banane quer ich

Die Therapie, sie soll nicht länger warten
Die Harten, sagt man, kommen in den Garten
Die Lösung zeigt sich ganzheitlich-systemisch

Vergebens wär's, Propheten anzuheuern
Wer mir vertraut, kann sich bald selber steuern
Hör mir gut zu, sonst werde ich polemisch!!!

Thomas Platzbecker
Psychiatrische Diagnose

Ich bin so wissbegierig
Wüsste gern mehr als viel
Ich bin, sagt mein Psychiater
Enzyklopädophil

Lothar Becker
Der Sinn des Lebens

Wieso will man an Regentagen
sich bloß die ganze Welt erklären?
Wieso bringt jede Wolke Fragen,
die in der Sonne keine wären?

Wieso sucht man total erbittert
nach einem Sinn in seinem Leben?
Doch immer nur, wenn es gewittert,
bei Sonne muss es keinen geben.

Wieso hofft man bei jedem Schauer
auf einen starken Weltenretter?
Bei Sonne ist man da viel schlauer,
die Schuld trägt eigentlich das Wetter.

Marlies Kalbhenn
Dass aller Anfang schwer

und jedes Ende gut:
Wer dieses glaubt, der
braucht vor allem eines:

Mut!

Frank Giesenberg
Das kurze Lied der Abkürzer

»Geht ruhig ihr im Leben
den langen breiten Weg!
Die wir zum Ziele streben,
wir gehn den schmalen Steg!
Wir laufen Trampelpfade,
wir kürzen einfach ab,
und tuns am Hang gerade!« –
Da macht der Abgrund: »Schnapp.«

XII. Kunst und Kunst-liches

Martin Möllerkies
Pablo Picasso: Nu accroupi

Nackte Frau auf gelbem Grund
sitzt, die Arme hoch im Nacken,
auf dem Hintern prall und rund.

Dieses Bild hat ein paar Macken,
denn wo vorn das Schamhaar quillt,
prangen auch die Hinterbacken,

während für die Brüste gilt:
eine sieht man von der Seite,
eine ist frontal im Bild.

Dass er sie so konterfeite,
schreibt man dem Kubismus zu,
dem sich dieser Künstler weihte.

Hier im Katalog steht: »Nu
accroupi« – so heißt der Schinken.
Ich kann kein Latein, und du?
Auch nicht? Dann lass uns was trinken!

Joachim Rademacher-Beckmann
Traurig, aber wahr: Paris Hilton

Du bist vollkommen selbstbescheinend
und so vollkommen sinnverneinend,
so gerne mit dir selbst vereint,
du bist so schrecklich selbstdesigned:

Denn du hast Brüste, Augen, Beine,
aber Themen hast du keine.

Du hast zwar Beine, Brüste, Augen,
doch Aspekte, die nichts taugen.

Du hast zwar Augen, Beine, Brüste,
aber Stoff? Nicht, dass ich wüsste!

Gerd Bießmann
Buchstäblich Zierde

Ein Tisch besah das Alphabet,
er wollt' sich aufpolieren,
so kam alsbald ihm in den Sinn,
mit Lettern sich zu zieren.

Sein erster Blick fiel auf das E.
Am Ende sei sein Lager!
Zum TischE ward er leider nur,
zwar Dativ, doch zu mager.

Fürs erste blieb er beim Vokal,
ganz vorn ihn zu probieren.
Der E-T(h)isch, sittlich klug, jedoch
wollt' ihm nicht imponieren.

Das E platzierte er danach
im Wort zu dessen Weitung.
Doch schnell verwarf er diesen Plan
aus Mangel an Bedeutung.

So sah der Tisch sich weiter um
nach einem Konsonanten.
Er fand das K, nahm O dazu.
K-O-Tisch hatte Kanten.

Fortan Vokale außen vor,
N, R und G gefunden.
Doch N-R-G-Tisch schien zu lang
und auch mit Strom verbunden.

Als S-Tisch er nur Speisen dient,
als T-Tisch nur Getränken.
Doch S und T gefielen ihm.
Er wollt' es überdenken.

Er sann, dann kam ihm die Idee,
sich beide einzuleiben.
So sah er endlich sich am Ziel:
S-T-Tisch wollt' er bleiben.

Jens Urban
Der Photo-Graph

Schönes Licht und sanfte Stimmung,
allenthalben tolle Schwingung!
Motiv ist toll und sanft der Teint –
viel schöner als man immer meint.

Auch Landschaften und Obst am Hang,
und Wanderwege – ziemlich lang.
So hüpft er mit Stativ behände
durchs Land und regelt Zeit und Blende.

Und abends ist – nach langem Hasten –
das tollste Bild endlich im Kasten.
Doch beim Entwickeln sacht er: »Watt'n?
Da is' ja auf'm Bild mein Schatten!«

Martin Möllerkies
Erfunden

In kreativen Stunden
hab ich mich selbst erfunden –
  ich schwöre Stein und Bein.
Und lasse ich das Schreiben,
wird nichts mehr von mir bleiben,
  dann hör ich auf

XIII. Tierisch gut

Horst Reindl
Brehms Tierleben

Der bunte Hund, den jeder kennt,
der beißt den weißen Raben.
Der weiße Rabe, der will nichts
mit schwarzen Schafen haben.

Das schwarze Schaf hinwiederum
verführt die geilen Böcke.
Der geile Bock, der hebt sehr gern
der dummen Gans die Röcke.

Die dumme Gans verbindet sich
sehr oft mit falschen Schlangen,
wobei die falschen Schlangen dann
die tollen Hechte fangen.

Der tolle Hecht nützt schamlos aus
des blinden Huhns Gebrechen.
Das blinde Huhn glaubt unbeseh'n,
was tolle Hechte sprechen.

Das Schaf, der Hund, das Huhn, der Hecht,
die Gans, der Bock, die Schlange,
die finden samt dem Raben sich
beim Menschen ja schon lange.

Monika Clever
Alpha Tiere

Im Alphabet steht Spatz vor Specht
Das findet dieser ungerecht

Und vor die Maus drängt sich die Made
Das ärgert die und sie fiept »schade«

Dass Bachforelle steht vor Bär
Ist dem egal, der nimmt's nicht schwer

Den Bussard aber sieht man drängeln
»Ich war vor Dir« – hört man ihn quengeln

»Hier ist doch keine Kinokasse
Los ab nach hinten« ruft die Brasse

Und sie schwimmt vor, mit wicht'ger Miene
»Das wüsst ich aber« stichelt Biene

»Vorn oder hinten, mir ist das egal«
Sprach da voller Gleichmut der glitschige Aal

»Vom A bis zum Z, vom Z bis zum A
Wie wär' es, wir drehten die Richtung einmal?«

Die letzten werden die ersten sein
Da jubeln das Yak und das Warzenschwein

Der selbstlosen Geste, der zollt man Respekt
Wer hätte gedacht, dass das in ihm steckt?

»Und jetzt macht mal Platz« glitscht es aus dem Tal
»Denn mein richtiger Name ist Zitteraal«

Horst Reindl
Tierforscher

Grzimek war in Afrika,
in der Serengeti.
Was entdeckte er denn da?
Nein, nein, nicht den Yeti!

Den traf Reinhold Messner schon
früh im Himalaya.
Grzimek fand mit seinem Sohn
einst die Biene Maya.

Grzimeks Fund ist legendär,
doch man kann auch lesen,
wer die Maya fand, das wär'
Karel Gott gewesen.

Peter Weimer
Die Nachtigall

Gesang, noch schöner als ein Traum:
Die Nachtigall, sie singt vom Baum.

Schöner als Caruso fast:
Die Nachtigall, sie singt vom Ast.

Der Musen schönster Fingerzeig:
Die Nachtigall, sie singt vom Zweig.

Ihr Lied, das viele Noten hat:
Die Nachtigall, sie singt's vom Blatt.

Monika Clever
Artenschutz

Da drüben der Trenchcoat, siehst du sein Futter?
Dafür ging ein Fuchs wohl über die Wupper.

Und für deinen Mantel, wen ließest du morden?
Dafür sind drei Polyacryle gestorben.

Volker Henning
Der Pillendreher
(lat. Scarabaeus sacer)

Ein Pillendreher, der im Stillen
tagtäglich drehte seine Pillen
mit Eifer, Kraft, Elan und Schwung
aus Rinder-, Schaf- und Ziegendung,
bemerkte, was nicht unerheblich:
Die Plackerei war meist vergeblich,
weil ihm sein Werk, was nicht gewollt,
war viel zu oft davon gerollt.
Jetzt formt das Tier nach dem Theater
statt runder Pillen lieber Quader,
die ihrerseits, was wir ihm gönnen,
nicht mehr von dannen rollen können
und die sich, um es kurz zu fassen,
zudem auch noch gut stapeln lassen.
Der Mensch, wie immer sehr gehässig,
tönt hierauf hämisch, unablässig:
»Egal, wie die Gestaltungsweise,
es ist und bleibt die gleiche Scheiße ...«

Renate Buddensiek
Die arme Brillenschlange

Es irrte eine Brillenschlange
bekümmert durch den Wüstensand.
Sie suchte ihre Brille lange,
die sie jedoch nicht fand.

Sie kroch, sich windend hin und her,
und fand auch keine Beute mehr.
Sie starb in aller Stille
gleich neben ihrer Brille.

Christian Engelken
Stinktier und Waschbär

Es gibt ein Tier mit Namen Skunk,
Das ist bekannt für seinen Stank.
Doch immerhin: Man hört's ihm an,
Es gibt sich nicht als Saubermann.
Das Stinktier steht zu sich, hält Wort,
Und das ist wahrhaft großer Sport.

Der Waschbär dahingegen klingt,
Als ob er sich gut pflegt, nie stinkt,
Obwohl die Nase bald vernimmt,
Dass diese Aussage nicht stimmt.
Der Waschbär ist nicht, wie er tut,
Und solches heißen wir nicht gut!

Katharina Lankers
Kauziger Wald

Ein Hörnchen in der Eiche,
das sprach zum Häher: »Weiche!
Häh doch mal deine Eicheln,
statt fremde Brut zu meucheln!«

Der Häher stutzte jäh
und krächzte heiser: »Häh?
Buch du doch deine Eckern
anstatt hier rumzumeckern!«

Und während sie sich stritten,
vergaßen sie den Dritten:
Ein Käfer in der Borke,
der fand das ziemlich knorke.

Jens Urban
Die Spinne

Geht man an einem schönen Morgen
– bar der ganzen schweren Sorgen –
hinaus in Wald und grüne Flur,
sieht man die Wunder der Natur.

Ein Schichtwechsel der Lebensarten,
die einen geh'n, die andern starten,
ist der Tag in seiner Frische –
und die Natur, sie deckt die Tische.

Karnickel, Falter und auch Käfer,
sogar die allerlängsten Schläfer,
kriechen nun aus ihren Bauen,
um am Tisch gleich reinzuhauen.

Alle fressen, mampfen, äsen,
tun, als wäre nichts gewesen.
Nur die Spinne guckt ganz dumm –
ihr Frühstück flattert noch herum.

Monika Clever
Der Aufreißer

»Mein Name ist Adu mit Vorname
Kak«
Stellt der Vogel sich vor, denn er ist auf
Zack
»Lass hör'n, süßer Käfer, wie dein Name
ist«
»Mist«

JE
Die Angebetete

Heute singt
Monsieur Amsel
Seiner geliebten Mademoiselle
Die allerschönsten Lieder.

Doch M*Amsel'*
gibt sich ganz unberührt
Und zupft sich völlig ungeniert
Ihr prächtiges Gefieder.

Denn sie ist sich sicher:
Morgen kommt er wieder!

Jörn Heller
Sinnlos

Wenn Meisen reisen, Finken stinken,
Affen auf Giraffen gaffen,
Echsen hexen, Hummeln schummeln,
Hasen durch die Nasen blasen,

Grillen stillen, Schwalben kalben,
Ziegen grade Biegen fliegen,
ist es sinnlos, sich mit Reimen
bei den Tieren einzuschleimen.

Susanne Fuß
No body is perfect

Ein Oktopus, an Jahren frisch,
der liebte einen Kugelfisch.

Beherzt stellt er die bange Frage,
ob sie die Ehe mit ihm wage.

Die Dame ist recht angetan
von dem exotischen Galan.

Bevor sie schließt den Bund fürs Leben,
muss sie noch zu bedenken geben:

»Wenn vor Angst mein Herze klopft,
dann werd ich ganz und gar verkopft.«

Er sagt, es wär ihm einerlei,
kein Wesen ohne Fehler sei.

»Nimm mich zum Beispiel, sieh nur hin,
wie fürchterlich verarmt ich bin!«

Manfred Rothengatter
Ode auf den Regenwurm

Oh Regenwurm, oh Regenwurm,
du, den die Menschheit ehrt,
du trotzest jedem Lebenssturm,
bis dich ein Huhn verzehrt.

Ich sinke vor dir in den Staub
als ewig treuer Jünger.
Du wandelst altes Gartenlaub
gar wundersam in Dünger.

Du Pflaume hast dich oft gezweschgt
durch manche hohle Gasse;
durch Gänge hast du dich gequetscht
wie warme Fleischbrätmasse.

Hast dich, wenn Not am Wurme war,
geteilt in links und rechts,
so ähnlich wie ein Ehepaar,
doch einerlei Geschlechts.

Im feuchten Regen glänzt dein Bauch
und zieht sich in die Länge
genauso wie ein Gummischlauch,
nur kleiner in der Menge.

Doch sei gewarnt, du kleines Biest,
du krummer Teufelsbraten,
falls du nach meinem Tod mich frisst,
dann treffe dich mein Spaten!

Jan-Eike Hornauer
Begegnung auf dem Meer

Der Hamster sprach zum Buckelwal:
»Wir sind doch alle optional:
Die Erde wird gewiss vergehen,
ob mit, ob ohne uns gesehen.
Sie stürzt – schwups – in die Sonne!
Mensch, alles für die Tonne!«

Es sprach darauf der Buckelwal:
»Ach, Hamster, Mensch, du kannst mich mal!
Wie herrlich ich bis eben schlief ...
Und schwups, jetzt bin ich depressiv!
Nur eins macht mich ein wenig munter:
Ich schwimme ewig, du gehst unter.«

Stille ... Stille ...
letzter Wille ...
nicht mehr lang,
dann:
Untergang.

Walgesang.

Martin Möllerkies
Nur die allerdümmsten

Nur die allerdümmsten Kühe
werben selbst für Rinderbrühe.

Nur die allerdümmsten Aale
preisen Fisch zum Abendmahle.

Nur die allerdümmsten Schnecken
prahlen laut, wie gut sie schmecken.

Nur die allerdümmsten Wachteln
rufen: »Leute, Eier spachteln!«

Nur die allerdümmsten Hunde
sind beim Koreaner Kunde.

Nur die allerdümmsten Hennen
sieht man zu Kentucky rennen.

Nur die allerdümmsten Schafe
zählen Schäfchen vor dem Schlafe.

Nur die allerdümmsten Kater
wären gerne Suchtberater.

Nur die allerdümmsten Robben
woll'n bei Bayern München jobben.

Christian Schomers
Der Haifisch

Der Haifisch kommt ganz plötzlich,
das macht ihn so entsetzlich.
Er packt sein Opfer: messerscharf
(was man ja eigentlich nicht darf)
durchtrennt er meuchlings ihm die Kehle.
Er ist halt Hai mit Leib und Seele
und denkt sich nichts dabei.
Im Gegenteil: Es macht ihn high.

Jörn Heller
Kuhgedicht

Die Hai-Kuh hat Gedichte gern
und kann dazu schön malen.
Der Sudo-Kuh liegt solches fern,
sie hat es mehr mit Zahlen.

Die I-Kuh soll die Schlauste sein
und gibt die beste Butter.
Ihr Euter ist durch Kuh-Tipps rein,
wie auch schon das der Mutter.

Stefanie Endemann
Der Hund und seine Kritiker

Man hört wohl oft mit Sorgenklang,
dem Mensch sei vor dem Hunde bang:
Es werde hier ein Weib gebissen,
ein Mann verbellt, ein Kind gerissen.

Was Hundefeinde nicht bedenken,
wie sehr das gute Tier sie kränken,
wenn sie vor ihm ängstlich weichen,
mit scheuem Blick beiseite schleichen.

Denn leicht erregbar ist der Hund,
mitunter mit, mal ohne Grund.
Ein zages Tun zeigt schlecht' Gewissen,
und klar, dafür wirst du gebissen.

Wer furchtsam schleicht, zur Ecke weicht,
zur Seite tritt, besorgt erbleicht,
der ist verdächtig und gemein,
das kann ein guter Mensch nicht sein!

Bist du zu groß, bist du zu klein,
fährst du ein Rad, bist du allein,
beim Stolpern, Schwanken, Schlingern, Schnurren
weiß es nicht Rat, muss erst mal knurren.

Man muss es lieben, aber ehrlich,
sonst wird das gute Tier gefährlich.
Es liegt an dir. Durch dein Verhalten
wird die Begegnung sich gestalten.

Tritt furchtlos auf und hätschle ihn
und wirf ihm Leckerli dahin,
sei stark und rieche nicht nach Scheu,
dann ist das Tier dir gut und treu.

XIV. Spielfreude

Erich Carl
Teekesselchen, heterographisch

Hat Madame bis Seite 8
der Lektüre es gebracht,
fährt dann fort mit Seite 10,
um die 9 zu übergeh'n,

malträtiert sie auf der Bühne
dergestalt die Violine,
dass ihr die Bespannung reißt
und die Melodie entgleist,

hat sie ferner, wie man's nennt,
trotz Gemahl 'nen One-Night-Stand,
weiß ein jeder, alt wie jung:
So was wär' ein ..?.. .

Johann Seidl
Wenn Worte fallen

Wenn Worte fallen
nicht darunter stehen
vorbeifallen lassen

Fallworte in Wortfallen sammeln
Wortfälle beugen
mit Satzzeichen zurückkreichen

Martin Möllerkies
Ach Saskia

Ach Saskia, ach Saskia,
wie bin ich Dir verbunden,
hast ohne Unterlass Lia-
nen mir ums Herz gewunden.

Ach Saskia, ach Saskia,
ach Deinen Sang zu hören.
Im Alt, Tenor und Bass pia-
no, um ihn nicht zu stören!

Ach Saskia, ach Saskia,
Du gleichst dem scheuen Rehe.
Dass ich Dich, Zage, fass, Dia-
nens Hilfe ich erflehe.

Ach Saskia, ach Saskia,
wie hast Du mich betöret,
doch lispelte ich blass: Ti a-
mo, würde ich erhöret?

Ach Saskia, ach Saskia,
mich fasst ein Schmerz, ein stummer,
und es erfährt nur das Dia-
rium von meinem Kummer.

Ach Saskia, ach Saskia,
Oase mein, beachte,
wie orgiastisch-krass Hia-
te ich für Dich erdachte.

Martin Möllerkies
Soso

So filigran und doch solid,
so still und doch sonor,
so tönt bis in das letzte Glied
der A-capella-Chor.

Ihr singt so schön, ihr singt Sopran,
singt Alt, Tenor und Bass –
so schwillt der Bach zum Ozean
und macht die Äuglein nass.

Soeben klang der Sang so gleich,
sogleich tönt er so eben.
So fern verhallt der Klang und weich,
sofern die Töne schweben.

So, los! Jetzt gehn die Solos los –
sagt man nicht besser »Soli«?
Solisten bieten virtuos
dem Chorgesang Paroli.

So listenreich ist komponiert,
was die Solisten singen!
So nahten sie sich schon zu viert
dem, wie Sonaten klingen.

So nett wär's, könnt ich ein Sonett
zum Lob der Sänger schreiben.
So eng jedoch ist das Korsett –
so lass ich's lieber bleiben.

Elisabeth Kuhs
Nachbarschaftlich

Der Nachbar von Herrn Meier frug:
»Ist das dort nicht der Reiherzug,
zu dem ich meine Leier schlug,
als ich noch einen Schleier trug?«
»Nein«, sprach darauf Herr Meier klug,
der grade im Tokaierkrug
zum Bäcker zwanzig Eier trug,
damit der für die Feier buk.
»Das ist ein Papageierflug,
den ich bereits im Mai ertrug
als ich verträumt am Weiher lug.«
Worauf der Nachbar sich verzug.

Martin Möllerkies
Vom Verlust
(streng jambisch vorzutragen)

Auch wenn ein Gegenstand entbehrlich,
stimmt sein Verlust uns meist ärgerlich.
Hängt er an der Erinn'rung Bänder,
macht uns sein Fehlen noch wütender.

PS:
Das Vermaß, es ist lern- und lehrbar.
Beherrscht man es, klingt es wunderbar.
Doch hier ist nicht das Lehrbuch Sieger –
mit Absicht, denn so klingt's lustiger.

Andreas Graf
Sach ma n Satz mit ...

Baudelaire
Betrinkt sich mal der Millionär,
ist bald die Schampus-*Baude laire.*

Werther
Ist der Goethe ärgerlich,
dann *Werth er* sich.

Renaissance
Fällt der Jäger mal in Trance,
haben Hirsch und *Re nai ssance.*

Barock
Bei Klassik werd ich bockig,
lie *Ba rock* ich.

Folgekosten
Der Taxifahrer versteht keine Witze:
Der Säufer zahlt die *Fol gekosten* Sitze.

Peter Weimer
Dichten nach Zahlen: So oder so

Am Morgen seh' ich den Nachbarn mein,
1/2
    1   nie schien er schöner gewesen zu sein!
    2   er will wohl treiben die Miete ein.

Als er an meine Türe geht,
1/2
    1   mir das Herze stille steht!
    2   ein Hauch von Geldgier zu mir weht.

Er klingelt an der Wohnungsschelle,
1/2
    1   er ist es, meiner Sehnsucht Quelle!
    2   soviel Geld für diese Zelle.

Ich öffne nicht, die Tür bleibt zu,
1/2
    1   zu schüchtern bin ich blöde Kuh!
    2   von diesem Mensch will ich heut' Ruh'.

Fritz-J. Schaarschuh
Un/ermüdlich und Co.

Gefähr, entwegt, geschlacht, gestüm,
Geziefer, Fug, bedarft, Getüm:
Du meinst, du kennst die Wörter nicht,
bekamst sie niemals zu Gesicht?
Dann setz doch mal ein »un« davor –
schon gehn sie wie geschmiert ins Ohr!

Fritz-J. Schaarschuh
In Klammern

Heiko (22)
war noch nie in Danzig.
Mirko Müller (30)
ist schon immer fleißig.
Kerstin Meiers (44)
Küsse sind noch immer würzig.
Heiner Schulze (69)
greift zum Nudelholz und rächt sich.
Richtig ist, sagt Elke (70),
was sich neckt, das küsst und liebt sich.
Friederike (107)
liebt das Speckfett mit viel Grieben.
Ohne diese Alters-( )
wär der Text doch glatt zum Jammern!

Alex Dreppec
Autowaschstraßenfahrt auf andere Art

Als am Auto außen Automaten
allerlei Aktivität aufbaten,
alles abzustauben, aufzusaugen,
alle Autoreifen abzulaugen,
außen also allerlei aufwallte,
Armin Anna absichtlich abschnallte ...
Aber, Achtung, Anständigkeit! Aufpassen!
Alles allzu Anzügliche auslassen!

Anders ausgedrückt: Als Apparate abräumten,
am Auto alles ausnahmslos aufschäumten,
Antihaftbeschichtung arglos aufspritzten,
alle Armaturen also aufblitzten,
alarmierte Armin Annas Aufschrei:
»Aufpassen, ach Armin, ach, auwei!«
Anlass abgebrochener Abendstille:
abgesetzte Antibabypille.

Bastian Klee
Dieses Gedicht verdient keinen Titel

Hätte ich als Kind etwas zur Formel 1
reimen müssen
hätte ich's so versucht:

Heinz-Harald Frentzen
gewinnt kein Rentzen

Thomas Platzbecker
Genderproblem

Ist es ein Grund zum Höhnen
Wenn Töchter sich versöhnen?
Hat jemals sich ein Sohn vertöchtert?
Und überhaupt fragt man sich: Möchtert?

Monika Clever
Absurd ist

Dass man mit Bach im Pool trainiert
Dass man das Fundbüro verliert

Dass meine Neffen sich vernichten
Und Klempner diese Zeilen dichten

Dass meine Lauten leise klingen
Und Mädchen Augenlider singen

Dass Lichtgestalten Strom verbrauchen
Und Trillerpfeifen heftig rauchen

Dass Butterblumen fettig sind
Das ist absurd, mein liebes Kind

Monika Clever
Alles eine Frage der Definition
Inspiriert durch Sebastian 23

Blumen sind Muster auf Wiesen
Zwerge sind sehr kleine Riesen
Frösche sind Prinzen die quaken
Quallen mit Armen sind Kraken

Katzen sind Starrsinn auf Pfoten
Netze sind Löcher mit Knoten
Stehen ist Tanzen für Männer
Denken ist Frühsport für Kenner

Party ist Essen im Stehen
Walken ist Reden im Gehen
Kino ist Popcorn in Sälen
Wählen ist Meinung mit Zählen

Oper ist Singen beim Sterben
Bäume sind Hölzer mit Kerben
Giraffen sind Tiere mit Haltung
Plissee ist Stoff in Entfaltung

Zeitung ist Nachricht von gestern
Brüder sind männliche Schwestern
Rente ist Nichtstun für immer
Tot Sein dasselbe – nur schlimmer

Helmut Glatz
Verdreht

War einst ein Junge, wir nennen ihn Silke,
der reimte wie Rembrandt und malte wie Rilke,
er kam auf die Welt schon als Baby zu spät
und war auch sonst ein bisschen verdreht.

Er schlief an den Tagen und tagte in Nächten,
sah stets nach den Linken und nie nach dem Rechten,
kam einmal zu früh und einmal zu spät
und war auch sonst ein wenig verdreht.

Er trank Wiener Schnitzel und speiste Spaghetti
und liebte ein Mädchen, das hieß Donizetti,
er küsste es früh und er küsste es spät
und war auch sonst ein bisschen verdreht.

Helmut Glatz
Professor Rockensiefs Socken

Als Professor Rockensief
am Morgen nach den Socken rief,
kamen sie sogleich mit raschen
Sprüngen näher, frisch gewaschen,
um sofort danach zu streben,
seine Füße zu umgeben.

Wie schafft Professor R. das nur?
Ein Akt beständiger Dressur.

Rüdiger Butter
Wohnmobil an der roten Ampel

Haushalt
halt

Rüdiger Butter
Schmerzhafter Tisch

Ein Mann
setzte sich
an einen
Tisch.

Stieß gegen Tischbein.

Authentisch.

Dieter Brandl
fest im sattel

ein pferdesattel ist nichts wert,
fehlt unterhalb das ganze pferd.
bequem sitzt zwar der stolze reiter,
jedoch nach vorne geht nix weiter!

Frederike Frei
Drei Grazien

Zwei Grazien
in den Akazien.
Die dritte von ihnen
ist nicht erschienen ...

Frederike Frei
Im Wald

Im Wald liebte er mich
und nicht den Wald
wie ich

Susanne Fuß
Punktlandung

Der wunde Punkt bereut ganz klar,
dass er vormals springend war.

Weil er sich nicht auf Zeichen setzte,
so kam es, dass er sich verletzte.

Hätt' er's doch nicht so wild getrieben,
wär bloß ein Standpunkt er geblieben!

Birgit Jennerjahn-Hakenes
Anleitung zum Glücklichschein

trinkste fanta
sierste

trinkste cola
bierste

dann profi
tierste

Dieter Brandl
bier und cola

wer bier mit cola säuft, riskiert,
dass er auf einmal colabiert.

Dieter Brandl
pirat

verständlich ist, dass ein pirat
gern kapern auf der pizza hat.

Gerhard P. Steil
Sechsundzwanzig Honigbienen

Sechsundzwanzig
Honigbienen
liebten
dreizehn Ölsardinen.
Trotz der großen
Übermacht
hat man nichts
zu Stand gebracht.
Und so flogen
ungelogen
die Sardinen
und die Bienen
einem Dichter
auf den Leim,
dem sie immerhin
noch dienen
zu 'nem
selten blöden Reim.

Heike Nieder
Hochmut kommt vor dem Fall

Das Hochdeutsche zum Dialekt:
»Deine Sprache klingt defekt,
um nicht zu sagen: Sie erschreckt,
weil sie nach Bauerntölpel schmeckt!«

Der Dialekt bleibt ungerührt,
als er des andern Hohn verspürt.

»Was saascht dann du zu mir fa Sache,
dodriwwer kann ich doch nur lache!
Du brauchscht gar net so se mache,
als dätsch grad du die Sproch bewache!«

Die Lästerei sei ohne Stil,
um nicht zu sagen INFANTIL.
Wer hier reifer sei – gescheiter –,
das zeige schon der Wortbegleiter:
DAS Hochdeutsche, DER Dialekt.
»Die Worheet im Ardiggel steggt!«

XV. Bei großen Vorbildern reingeschaut

Andreas Graf
Effi Briest *(Kurzfassung)*

Kuss
Genuss
Erguss

Verdruss
Schuss
Schluss

(nach Theodor Fontane)

Andreas Graf
Modern Songbook
(5 Variationen auf Ringelnatz' »Liedchen«)

Protestlied
Die Zeit vergeht.
Das Gras verraucht.
Der Rausch entsteht.
Der Hippie schmaucht.

Der Kater kommt.
Die Wahrheit schweigt.
Der Hippie stirbt.
Wer hat's vergeigt?

Schubertlied
Die Zeit vergeht.
Der Kaffee duftet.
Der Stress entsteht.
Der Lehrer schuftet.

Sein Witz verdirbt.
Der Blutdruck steigt.
Der Lehrer stirbt.
Er hat's vergeigt.

Popsong
Die Zeit verscherzt.
Der Schnee entzückt.
Die Leere schmerzt.
Der Popstar drückt.

Im Schnee Strychnin.
Die Wahrheit schweigt.
Der Star ist hin.
Sein Dealer geigt.

Volksmusik
Die Zeit vergeht.
Die Stimmung sinkt.
Die Ordnung steht.
Die Hausfrau trinkt.

Der Stadl schallt.
Der Gatte schweigt.
Die Hausfrau lallt.
Der Rieu geigt.

Hiphop
Die Aktie steigt.
Die Zeit vergeht.
Der Frust verweht.
Der Makler geigt.

Börse steigt weiter.
Das Crystal schmeckt.
Der Makler heiter.
Sein Sohn verreckt.

Elisabeth Kuhs
Noah und die Arche
Mit einer tiefen Verneigung vor Meister Wilhelm Busch

Ach, was muss man oft von bösen
Menschen hören oder lesen!
Die, anstatt durch weise Lehren
sich zum Guten zu bekehren,
oftmals noch darüber lachen
und sich heimlich lustig machen,
nur dem schnöden Mammon leben
oder sich dem Suff ergeben,
die selbst Bürgerpflichten fliehen
und die Steuern hinterziehen.
Das ist nicht nur heute Brauch –
solche gab es früher auch.

Aber wehe, wehe, wehe,
wenn ich auf ihr Ende sehe!
Denn es sprach der Weltenrichter:
Jetzt ist Schluss mit dem Gelichter!
Und mit Blitz und Donnerkrachen
will er drum Großreinemachen
und, da sich die Sünden häufen,
alle konsequent ersäufen.

Nur den Noah nicht, denn der
war ein Gottesfürchtiger.
Zu ihm sah man Jahwe eilen,
einen Auftrag zu erteilen.

Noah schlief. Was nicht verwundert,
immerhin war er sechshundert
Jahre alt, das ist verbürgt
(auch wenn er viel jünger wirkt).

Und Gott sprach: Lass das Geschnarche,
bau mir schleunigst eine Arche.
Dann schaff in des Kastens Bauch
Tiere, Vögel, Würmer auch
und beachte stets dabei:
Männlein, Weiblein, immer zwei.
Schließlich bringe zum Transport
die Mischpoche auch an Bord.

Noah nickt und gar nicht träge,
sägt er fleißig mit der Säge,
damit zu der genannten Frist
alles fix und fertig ist.
Und er findet: Dieses Haus
sieht schön vorsintflutlich aus.

Darauf lässt er, wie befohlen,
alle Tiere paarweis holen,
Vieh, Geflügel und Gewürm,
nebst Proviant und Regenschirm.
Die Kombüse der Mobilie
kapert Noahs Großfamilie.

Den Himmel, der noch eben blau,
umwölkt ein ahnungsvolles Grau,
und kaum ist das Werk getan,
fängt es prompt zu regnen an.
Wasser strömt aus Himmelsschleusen,
und gefüllt mit Mann und Mäusen
schwimmt die Arche akkurat,
weil man sie kalfatert hat.

Vierzig Nächte, vierzig Tage
dauert die Schlechtwetterlage.

Dann verziehen sich die Fluten,
alles wendet sich zum Guten.

Einen Ölzweig bringt die Taube,
worauf Noah sagt: Ich glaube,
diese Sintflut ist vorüber.
Seine Frau spricht: Ja, mein Lieber.
Gott sei Dank, dass dieses Mist-
Wetter jetzt zu Ende ist!
Keinen Grund mehr für Beschwerden –
du kannst endlich Winzer werden.

Drauf schickt Noah alle Tiere
und die andern Passagiere
rasch von Bord und auf die Erde,
dass sie schnell bevölkert werde.
Denn sie sollen, Gott zu Ehren,
fruchtbar sein und sich vermehren.
Worauf jeder höchst vergnügt
sich dem Willen Gottes fügt.
Gern tun alle ihre Pflicht.
Gut so! Denn sonst gäb's uns nicht.

Möchte doch für unsre Sünden
immer sich ein Noah finden.
Dieses Wort in Gottes Ohr.
Schiff Ahoi – und danke, Noah!

Marlies Kalbhenn
Reim oder nicht Reim – das ist hier die Frage

Wie wohl ist dem, der dann und wann
sich etwas Schönes reimen kann.

Das wusste schon der Wilhelm Busch.
Und was der reimte, war kein Pfusch.

Es stimmt der Rhythmus, stimmt der Takt,
und meistens stimmt exakt, exakt

am Ende auch der reine Reim.
Wenn nicht, geht trotzdem auf den Leim

bis heute gern so mancher Mann,
Frau auch, und sei's nur just for fun,

dem weisen und dem witzigen,
auf alle Fälle spritzigen,

kurzum, dem Dichter mit Humor.
Der kommt bekanntlich selten vor

und wird, weil er uns lachen macht,
von der Kritik mit Spott bedacht.

Ernst sei das Leben, ernster die
hochheilige Kunst der Poesie.

Doch ist privat der Kritikus,
liest er, und zwar mit viel Genuss,

in seinem Busch. Der rührt sein Herz
in Freud und Leid, in Scherz und Schmerz.

Nun gibt es Menschen, die mitnichten
nur Leser sind von Busch-Gedichten.

Sie dichten selbst in seiner Weise
und schicken Verse auf die Reise

an Buchverlage kreuz und quer.
Die meisten: Sie »bedauern sehr«
und schicken unzensiert zurück
des Dichters Werk, sein ganzes Glück,
aus Frankfurt, München und Berlin ...
Nur ein Verlag belehrte ihn,
dass er zwar mit dem Busch, dem Meister,
sich messen könne ... Dann wird's dreister:
Heut dichte man nicht mehr wie der
und finde keine Leser mehr
für derlei reines Reimgerassel;
man wünsche ihm trotzdem viel Massel.
Der Dichter, solcherart belehrt,
gab sich geläutert und – geehrt.
Und da er ja durchaus kein Dummer,
brach er jetzt neu die Zeilen ummer,
vernachlässigte Vers und Fuß,
vermied den (reinen) Reim am Schluss,
veränderte Punkt, Komma, Strich,
erkühnte KLEIN zu schreiben sich
und schickte unter andrem Namen
das Manuskript ein. »Amen! Amen!«
Nach einer Woche, ungelogen,
kam der Verlagsvertrag geflogen.
Man lobte, was man grad verrissen,
als »lesenswerte Leckerbissen«!
Dem Dichter schwoll der Kamm. Und wie!
Er hielt sich glatt für ein Genie ...

Doch halt! So war es leider nicht.
Drum endet hier auch das Gedicht
mit dem Appell, dass jeder schreibe,
wie er's vermag, und dass beileibe
nicht alles gut, was ungeleimt,
nicht alles schlecht, nur weil's gereimt.
Es zählt allein die Qualität,
nicht nur in dieser Fakultät.

Frederike Frei
Der Bumerang

Der Bumerang, der Bumerang,
der um einiges zu lang,
wuchs zum Glück
noch ein Stück,
über sich hinaus,
flog gleich nach Haus.
Da treibt er's jetzt mit Bumerange,
die wartete schon jahrelange.

Martin Möllerkies
Dichter im Gespräch

HEINE UND SCHILLER

Heine spricht beim Abendläuten:
»Fritz, was soll denn das bedeuten?«
Schiller spielt mit einer Locke:
»Heinz, das klingt wie meine Glocke.«

BRECHT UND HESSE

»Hermann«, sagte Bertolt Brecht,
»boah, ist deine Lyrik schlecht!«
»Sie ist hammergeil«, sprach Hesse,
»wenn ich sie an deiner messe.«

BROD UND KAFKA

Welches sein von zwei Gebissen,
wollte Brod von Kafka wissen.
Da beschied in Kafka:
»Mein Gebiff iff daff da.«

Norman P. Franke
Über ein folgenreiches Literaturgespräch in Prag

»Max«, sprach Franz,
»verbrenn die Sachen«;
»Franz«, sprach Max,
»lass mich nur machen!«

Anne Riegler
Der Kerlkönig

Wer schreit da so spät und macht viel Wind?
Es ist der Tenor, der den Ton nicht find't;
Er hat das Orchester fest im Griff,
Und jeder hofft: Oh bitte, triff!

Maestro, was birgst du so bang dein Gesicht?
Siehst, Sänger, du die Noten nicht?
Die Partitur, das hohe C?
Herr Dirigent, es war ein B!

Mein Sänger, mein Sänger, und hörest du nicht,
Was deine Stimme an Mozart verbricht?
Sei ruhig, bleibe ruhig, mach dir keine Sorgen,
Denn ach, die Premiere, die ist ja erst morgen.

Du lieber Gott, komm geh nach Haus,
Gar schöne Arien sind jetzt aus!
Leg dich doch besser an den Strand,
Vergiss bloß dein Konzertgewand!

Ich liebe die Oper! Mich reizt auch das schöne Gehalt!
Du bist zwar noch willig, doch mit 80 zu alt.
Herr Dirigent, uns reicht es jetzt!
Die Lärmschutzgesetze werden verletzt!

Dem Maestro grauset's; er wedelt geschwind,
Er hört und hofft, der Schweiß, der rinnt.
Der Sänger schafft's mit Müh und Not;
Und Mozart ist ja zum Glück schon tot.

Peter Umland
Der Dichter Gerhart Hauptmann
oder: Die Tücken einer Künstlermähne

Herr Hauptmann wurde mit den Jahren recht ungebärdig in den Haaren,
Die sich nur schwer bezähmen ließen und damit an die Grenzen stießen,
Die durch den Hut bemessen sind, der allzeit schützt vor Sturm und Wind.
»Verdummich!«, rief der Dichter bitter, »da vorne naht ein Ungewitter!
Doch passt der Hut nicht auf das Haupt, weil es das Haupthaar nicht erlaubt!«

»Ganz recht!«, sprach Fräulein Thienemann*, »es kommt ein Hagelregen an,
Die Wirkungsstätte zu durchnässen, in der wir stolzen Geist ermessen!«
Sie trippelte mit kurzen Schritten, und wider alle guten Sitten
Die Röcke um die Hüften raffend (sich damit etwas Platz verschaffend),
Zu eines Baumes Krone hin, »weil ich dort leidlich trocken bin.«

Herr Hauptmann aber, gottbegnadet, kam hintendrein, ganz schweißgebadet,
Und fluchte auf sein nasses Haar, weil ihm dies Haar im Wege war.
Erst recht den Sinn verdunkelte, wie später mancher munkelte!
Denn alsbald stieß, mit viel Tamtam, der Dichter an des Baumes Stamm
Und fiel sogleich (in Ludwigslust) der schönen Dame an die Brust!

»Ja, Gerhart«, säuselte Marie, »legt eure Hand doch auf mein Knie.«
Dann ließ sie ihn mit Hut und Haaren in ihres Leibes Mitte fahren!

---

* *Marie Thienemann war die erste Ehefrau Gerhart Hauptmanns,
von der er 1904 geschieden wurde.*

Peter Umland
Johann Wolfgang von Goethe nebst Freund Eckermann

»Freund Eckermann«, sprach mit Bedacht Geheimrath Goethe um halb acht,
»Vermerken Sie in dem Brevier: Das Frühe ist des Fürsten Zier.
Er widmet sich, ganz Etikette, mit kluger Umsicht der Toilette,
Nimmt alsdann an der Tafel Platz, kreiert noch rasch den klugen Satz:
›Es macht den Genius frank und frei das hartgekochte Frühstücksei‹,
Um sich hernach, mit Mut und Stärke, klug zu besinnen auf die Werke,
Die er dem Geist entlehnen mag. – Zuvor jedoch den Magerquark.

Wohl wahr, der ›Faust‹, er muss noch reifen, da gilt es manches zu verschleifen.
Recht viel erscheinet krumm und schief, weil's töricht aus der Feder lief ...
Der Kritikus, der reine Tor, bleibt dennoch klug als wie zuvor,
Und ruft gemach vom hohen Berg: ›Ein wahrhaft dünn gewirktes Werk!‹
Er ahnt ja nichts vom edlen Ringen um Sätze, die wie Sturmwind klingen.

Doch vorerst dies, Freund Eckermann: Ich komm nicht an die Butter ran!
Wollt Ihr euch tunlichst engagieren, dies Brot durch Aufstrich zu verzieren?
Habt Dank, mein Bester, wohlgelitten. Bei meinen geistesgroßen Schritten
Seid ihr mir unentbehrlich, Mann. Ein Dichter, der auch streichen kann.«

Getreulich packt der Biograf all das, was er bemänteln darf,
In eine Sammlung kühner Werke, die künden von der Wortmacht Stärke
Des Laureaten, frank und frei. Und Eckermann war stets dabei!

Achim Amme
Eckermann verkehrt

Ich bin mein eigner Eckermann –
nur irgendwie verschroben.
Wenn ich zum Beispiel mecker, dann
schreibt er, ich würde loben.

Seh ich die Welt grad rosa-rot,
taucht er sie ins Schwarz-Braune.
Und seh ich Menschen, die in Not,
spricht er von guter Laune.

Verliebe ich mich ins Detail,
lässt er die Teufel tanzen.
Verzweifle ich, hofft er derweil
im Großen – und im Ganzen.

Halt ich mich mal für Herrn von Goethe,
stöhnt er, ich sei romantisch.
Beschreib ich schön die Abendröte,
nennt er das dilettantisch.

Kaum übe ich, wie man sich traut,
das Gegenteil zu machen
von dem, worauf der Mensch gern baut –
find't er das blöd, zum Lachen.

Ich glaub, ich fang mal damit an,
den Frauen nachzuschielen
und so auf meine Weise dann
den Eckermann zu spielen.

Ich bin gespannt, was das ergibt,
wenn ich ihn imitiere
und dabei völlig selbstverliebt
in seinen Spiegel stiere.

Vielleicht macht er sich grade schön
für eine Frau von Welt.
Ich geh dann, Frau von Stein zu sehn,
die mich für Goethe hält.

Horst Reindl
Dichter und Klempner

Goethe sprach zu Eckermann:
»Seht Euch diesen Mist hier an!
Wieder tropft das Abflussrohr
wie schon gestern und zuvor!

Gott, der einst den Dichter schuf,
gab dem Klempner den Beruf,
überall, wo etwas tropft,
dass er dort die Löcher stopft.«

Weiter sprach er: »Eckermann,
holt den Klempner schnell heran,
dass der gute Mann verzinnt
jenes Rohr, das dauernd rinnt!«

Kaum vergeh'n der Wochen drei,
eilt der Klempner schon herbei,
und das Rohr ist dicht im Nu.
Staunend sieht der Dichter zu.

Goethe sprach zum Klempner da:
»Zwar bin ich ein Dichter ja,
Doch ich konstatiere hier:
Größer seid im Dichten Ihr!«

Frank Giesenberg
Schillers Grab

Die Wissenschaft hat festgestellt,
dass Schillers Sarg nicht das enthält,
was seine Aufschrift uns verspricht:
Der Schädel ist des Schillers nicht!

Man stahl ihn aus der Fürstengruft,
so weiß man heut, und auch der Schuft,
der solches tat, ist nun bekannt –
er liegt daneben, linker Hand:

Geduldet hat nicht neben sich
Gott Johann den Gott Friederich
und zog auch vor ein Stelldichein
mit einer schönen Frau Gebein.

Geleert ist nun der Sarkophag,
darin der falsche Schiller lag,
und Weimar zieht vors Landgericht,
zurück will es das Angesicht.

Herr Goethe drauf verteidigt sich:
Die Forderung sei lächerlich.
Der Schiller sei doch längst verfault,
wie seine Dichtung, so er mault.

Worauf Stadt Weimar sich beschwert,
sie sei so keine Reise wert.
Herr Goethe habe sie geprellt
um den Besuch aus aller Welt.

Es geh dem Grabe von Rousseau,
sagt der Beklagte, ebenso.
Und auch das von Monsieur Voltaire
im Panthéon sei völlig leer.

Und dennoch sei Paris ganz voll
von Leuten, welche irr und toll
gleich Stunden in der Reihe harrn
und dann auf alte Kisten starrn.

Im Saal erhebt die Menge sich,
sie findet das nicht feierlich
und ruft empört: Ein Menschenfeind,
wer unsre Andacht so verneint!

Die Richter geben Recht dem Amt,
und Goethe wird mit Schmäh verdammt.
So sind nun beide Gräber leer,
und es gibt keine Klassik mehr.

Christian Schomers
Soll ich mal ein Gedicht aufsagen?

Soll ich mal ein Gedicht aufsagen?
Ich kenn es erst seit ein paar Tagen.
Es hat mich wirklich tief berührt.
Ein Meisterwerk, das hab ich gleich gespürt!
Vollkommen jeder Satz, ja jedes Wort!
»Das musst du lernen!«, dachte ich sofort.

Mit Fleiß hab ich mein Ziel erreicht.
Es war natürlich nicht ganz leicht;
doch dass ich das Gedicht jetzt kann,
ist wunderbar. – So fängt es an:

Konzentration! Nur keine Eile.
Wie war denn noch die erste Zeile?

Ach, unergründlich ist die Dichterstirn.
Dass ausgerechnet heute mein Gehirn
nicht funktioniert wie sonst! Es streikt!
Wie ärgerlich! Doch die Erfahrung zeigt,
dass stets noch Geist über Materie siegt.

Das Wort, mit dem es losgeht, liegt
mir auf der Zunge. Es ist gleich so weit.
Moment! Ich brauche nur ein bisschen Zeit.

Das kann passieren. Also, ich beginn
mal nicht am Anfang, sondern mittendrin.
Der schönste Vers ist nämlich der –
doch gerade der ist ziemlich schwer.
Und echt genial ist auch das Ende –
wenn ich das Ende doch bloß fände!

Verdammt noch mal! Jetzt aber Schluss
mit diesem blöden Kunstgenuss!
Vielleicht wär's gut – ich sag es zwar nicht gerne –,
wenn ich das Meisterwerk noch einmal lerne.

XVI. Kriminalyrisch

Peter Weimer
Küchenkrimi

Bei uns gab's eine Bratenpfanne,
die war liiert mit einem Manne:
Der Suppenlöffel war zwar lieb,
doch auch ein ausgekochter Dieb.

So wurden sie von Jahr zu Jährchen
ein abgebrühtes Gaunerpärchen
& niemand konnte es ermessen,
was die beiden ausgefressen.

Doch siegte nach gewisser Zeit
schlussendlich die Gerechtigkeit:
Sie kamen vor das Leibgericht,
entgingen ihrer Strafe nicht.

Der Löffel kam als Dauergast
fünf Jahre in den Löffelknast!
Für die Suppe er nun hockt,
die er sich selber eingebrockt.

Die Pfann' dagegen, die war schlau,
die musste auch nicht in den Bau,
zwar ward auch über sie gerichtet,
doch sie war antihaftbeschichtet.

Jutta Wilbertz
Schwedenthriller

Am nördlichen Polarkreis ist Kommissar Sven Svensson
aus Stockholm hierhin strafversetzt – er sagt dazu: »Na wennschon!
Hier oben ist so gar nichts los, ich lass die Dinge laufen!
Die Leute hier sind still und nett – ich kann in Ruhe saufen.«
Endlich muss er gar nichts müssen – er müsste es doch besser wissen!
In jedem Schwedenthriller ist der Serienkiller – ein ganz Stiller.

Draußen ist es bitterkalt, der Kommissar sitzt drinnen.
Niemand läuft heut durch den Wald, der müsste völlig spinnen.
Doch Assistent Nils Holgersson, der sieht die Dinge anders,
stapft eifrig durch den tiefen Schnee, sagt sich dabei: »Ich kann das.«
Da stolpert er, fällt hin, wie dumm –
ihm wird ganz schlecht, da liegt was rum!
Völlig tiefgefroren, mit knallroten Ohren – drei Autoren.

Nils schreit auf, er kennt sie gut, die treffen sich alljährlich
zur Schreibklausur im Dorfhotel – ihr Talent war spärlich.
Sie waren nett, drum hat das Dorf Bewunderung geheuchelt.
Nun sind sie hin, das sieht er gleich, wer hat sie nur gemeuchelt?
Ganz bleich ruft er Sven Svensson an,
dann kippt er um, der gute Mann!
Ein Dreifachmord an diesem Ort – ist ein Rekord.

Sven Svensson knurrt, ihm ist saukalt, steht murrend vor den Leichen,
hat sich noch einen Schnaps geknallt, der muss jetzt erstmal reichen.
Und auch die Fluppe geht ihm aus, man hört ihn leise fluchen;
was hat denn auch sein Assistent im tiefen Wald zu suchen?
Er hustet kurz, der Kommissar
dreht sich zu Nils, sagt lapidar:
»Ermittlung nicht schwer, letaler Verkehr – mit Bär.«

Nils stottert, schweigt, er traut sich nicht, und würd so gern was sagen.
Er liest den Polizeibericht und hätt so viele Fragen.
Dass ein Bär im Winter schläft, das weiß doch jedes Kind.
Und hat ein Bär denn ein Gewehr, ist Sven Svensson etwa blind?
Die Toten sind schon transferiert
und in der Kreisstadt fix kremiert.
Da ist Erklärungsnot: Drei Autoren sind tot – durch Schrot.

Sven Svensson trinkt und lacht, ihm ist so wohl zumut.
Denn wieder einmal hat er Glück, und es lief alles gut!
Nils Holgersson, der dumme Kerl, ist vor 'nen Baum geknallt!
Die Bremsen haben wohl versagt – das denkt der Staatsanwalt.
Sven kaut zufrieden Kautabak,
dem hat er's gezeigt, dem Autorenpack!

In jedem Schwedenthriller braucht der Serienkiller kein Motiv –
nur töten will er!

Manfred Rothengatter
Mozzarella Mafiosi

Carlo, Chef von Ristorante,
hat mit Maffja-Patentante
Mozzarella massakriert,
Mozzarella abserviert.

Carlo schneidet mit Stiletto
Mozzarella maledetto
mit rapido schnelle Finger
in so kleine Disco-Dinger.

Um die Spure mache wegge,
schmeißt ihn Mafiosa-Zecke
in die ätzend sauer Essig,
typisch cosa-nostra-mäßig.

Dann ihn schlingen Mörderbande
durch die Hals-Canale-Grande,
durch die Magen-Darm-Latrino
mit die multo rosso vino.

Von die Spure nix mehr da
und auch nix von DNA.
Oh, Italia e si bella,
wenn erledigt Mozzarella.

XVII. Am Klapp Horn von Limerick

Didi Costaire
Bierzeiler

Zwei alte Knaben trinken Pils.
Der eine von den beiden will's
bei drei auf Ex hinunterkippen,
der andre kultiviert dran nippen.

Zwei alte Säcke trinken Alt.
Dem einen ist das Bier zu kalt,
dem andren wiederum zu lau,
doch letztlich sind sie beide blau.

Zwei alte Böcke trinken Bock
und stieren unter jeden Rock.
Der eine, der noch mehr probiert,
verbockt es und wird abserviert.

Zwei alte Knacker trinken Guinness.
Der eine sagt: »Der Lebenssinn is',
auf alles sich 'nen Reim zu machen.
Der andere versteht das nicht.

Siegfried Schüller
Limericks

Zwei Handybesitzern aus Lohr
kam das Düdeln zu eintönig vor.
Sie luden sich munter
neue Töne herunter,
jetzt haben sie Klingeln im Ohr.

Zwei Schwestern aus Bingen am Rhein,
die konnten verschiedner nicht sein,
und wenn einer kam,
den die erste nicht nahm,
dann sagte die zweite nicht nein.

Ein Zwillingspaar schwor sich in Heide:
»Wir trennen uns nie!« – Von dem Eide,
da gab's kein Zurück,
doch hatten sie Glück,
und ein Bisexueller nahm beide.

Sogar die Kollegin fand's seltsam,
dass Lateinlehrer Böttich aus Anklam,
wenn er mit ihr schlief,
am Ende stets rief:
»Carthaginem esse delendam!«

Ein Sandfloh aus El Alamein,
der wollte ein Superstar sein.
Er übte statt Singen
Kamelhaarhochspringen –
was Besseres fiel ihm nicht ein.

Autorinnen und Autoren

Weitergehende Informationen zum Lyrikwettbewerb »Wachtberger Kugel« unter www.wachtberger-kugel.de

Achim Amme, geboren 1949 in Celle, lebt in Hamburg als Freier Autor (u.a. für die SZ), Schauspieler (u.a. Tatort, Bella Block, Großstadtrevier), Musiker (u.a. CD »Ich habe dich so lieb«). Diverse Auszeichnungen (u.a. Ringelnatz-Preisträger).
Mehr Infos: www.achim-amme.de
Im Buch: S. 30, 59, 120, 174

Martina Anschütz, geboren in Suhl, Studium der Medizin in Leipzig und Erfurt, seit 1993 als Praktische Ärztin in eigener Niederlassung tätig. Sie ist verheiratet, hat zwei Kinder – und kann inzwischen auf mehrere Veröffentlichungen in Anthologien und Zeitschriften verweisen sowie auf zwei Bücher: »Die Krankenarztschwester« und »Orange wie der Himmel«.
Im Buch: S. 40

Marita Bagdahn, Ostwestfälin, die es ins Rheinland verschlagen hat; gelernte Dipl. Verwaltungswirtin; seit 2007 freiberufliche Poesiepädagogin (Schreibkurse und -workshops) und Autorin (Kurzprosa, Aphorismen, Lyrik); zahlreiche Veröffentlichungen in Anthologien, literarischen Publikationen und im Internet; Preisträgerin bei diversen Schreibwettbewerben.
Mehr Infos: www.wort-und-stift.de
Im Buch: S. 70

Franziska Bauer, geboren 1951 in Güssing, lebt heute in Großhöflein (Österreich) als Gymnasiallehrerin in Pension und Lehrbuchautorin. Pressearbeit für Haydnchor Eisenstadt und Chorverband Burgenland. Zahlreiche Veröffentlichungen von Essays, Kurzprosa und Gedichten, z.B. den humoristischen Gedichtzyklus »Max Mustermann und Lieschen Müller«.
Mehr Infos: www.galeriestudio38.at/Franziska-Bauer
Im Buch: S. 21

Lothar Becker, geboren 1959, lebt in Limbach-Oberfrohna und arbeitet als Sozialpädagoge in der Offenen Jugendarbeit. Er hat bereits zwei Romane veröffentlicht, Gedichte und Kurzgeschichten in Anthologien sowie eine Reihe von Musicals. Mit seiner Kurzgeschichte »Fischwinters Gebrechen« war er Finalist des MDR–Literaturwettbewerbs 2006.
Im Buch: S. 62, 125

K. U. Robert Berrer, geboren 1957 in Hamburg, arbeitete mehr als drei Jahrzehnte in der Finanzwirtschaft, bevor er sich ganz dem Schreiben von Lyrik widmete. Seit Herbst 2013 Autor der Rubrik »Gedicht des Monats« in der Hamburger »Hafencity Zeitung«, zahlreiche Publikationen in Anthologien und Literaturzeitschriften sowie gelegentliche Lesungen.
Im Buch: S. 68, 80

Georg K. Berres, geboren 1951, studierte Theater-, Film- und Fernsehwissenschaft, Germanistik und Psychologie. Er arbeitete als Journalist und Fotograf für den »Kölner Stadt-Anzeiger« und als Regieassistent beim WDR, schrieb für viele Fernsehsender Hörspiele, Sketche und Drehbücher. Er verfasste zudem satirische Ratgeber. Er lebt und arbeitet in Köln.
Im Buch: S. 122

Helena Maria Beuchert aus Waldbrunn ist 66 Jahre alt und kann die verantwortungsvolle Pflicht als Mutter und Sozialpädagogin abgeben und sich der Kür widmen. Hatte sie bisher vor allem gelehrt, so setzt sie jetzt aufs kreative Lernen. Ihr Alter erlaubt ihr, im Rückblick die Fülle des Lebens zu erfassen und die besten Seiten davon verdichtend abzuschreiben.
Im Buch: S. 45

Gerd Bießmann, geboren in Müncheberg, wohnt der Chemiker heute in Pritzwalk, wo er als Produktentwickler und im Bereich Produktsicherheit arbeitet. Er ist AC/DC-Fan, sammelt Comics, Ersatzzahlungsmittel der DDR sowie einiges mehr und interessiert sich für die Geschichte der Meuterei auf der Bounty & vieles mehr. Gedichte schreibt er seit der Schulzeit.
Im Buch: S. 71, 128

Marlies Blauth, geboren 1957 in Dortmund, studierte u.a. bei Anna Oppermann und Bazon Brock in Wuppertal, Staatsexamen Kunst / Biologie und Diplom Kommunikationsdesign; seit 1988 Ausstellungen im In- und Ausland; seit 2006 Lyrik und Kurzprosa in Anthologien und Zeitschriften; 2015 eigener Lyrikband: »zarte takte tröpfelt die zeit« (Nordpark Verlag).
Mehr Infos: www.kunst-marlies-blauth.blogspot.de
Im Buch: S. 31

Jörg Borgerding, geboren 1957, wohnt in Celle. Vorruheständler. Bisher vier Bücher mit Erzählungen und Romanen im Auslesen-Verlag. Zudem einige Bücher im Eigenverlag mit Erzählungen, Romanen und Geschichten für Kinder. Veröffentlichung von Gedichten in Anthologien und in der taz. 2000: Wilhelm-Busch-Preis für satirische und humoristische Versdichtung.
Mehr Infos: www.joerg-borgerding.de
Im Buch: S. 65, 74, 87

Dieter Brandl, geboren 1973 in Vöcklabruck (Österreich), Studium an der Universität für Bodenkultur in Wien; beruflich in der Erwachsenenbildung tätig. Leidenschaftlicher Dichter lebenslang; Preisträger des »Hans-Huckebein-Preises« 2013 und 2017; Blog »Witze Versa« mit gereimten Witzen auf *www.einserwitz.blogspot.com*.
Im Buch: S. 19, 42, 55, 63, 77, 156, 158

Renate Buddensiek gab Deutsch-Unterricht für Ausländer, lebte acht Jahre lang in Großbritannien, schreibt Lyrik und Kurzprosa, auch für Kinder. Sie ist Mitglied in verschiedenen Literaturkreisen und gewann 2016 den Literaturpreis »Freundeskreis Düsseldorfer Buch«.
Mehr Infos: www.deutschehaikugesellschaft.de & www.freundeskreis-buch.de
Im Buch: S. 135

Rüdiger Butter, geboren 1963 in Münster, studierte Publizistik, Geschichte und Germanistik, schloss später als Betriebswirt ab und arbeitet heute als Einkäufer. Er lebt und schreibt seit 1969 in Mainz, hat etliche Bücher veröffentlicht sowie zahlreiche Gedichte in Anthologien. 2013 gewann er den Lyrikpreis »DER RHEIN« des Vereins »Cantando-Parlando«.
Im Buch: S. 156

Erich Carl, Jahrgang 1949, ehemaliger Gymnasiallehrer, wohnt heute in Kerken (NRW) und beschäftigt sich seit seinem Eintritt in den Ruhestand u.a. mit Reimereien (Märchenballaden nach den Vorlagen der Gebrüder Grimm sowie Poems der heiter-satirischen Art).
Mehr Infos: www.carl-verlag.jimdo.com oder www.keinverlag.de/erichcarl.kv
Im Buch: S. 61, 85, 145

Monika Clever, geboren 1953 in Recklinghausen, Studium der Mathematik in Bonn, bis 1996 Lehrtätigkeit in Solingen und Meckenheim. Sie lebt seit 1984 in Wachtberg. Berufsbegleitendes Studium der freien Kunst am Alanus Werkhaus Alfter. Jährliche Ausstellungsprojekte seit 2008; Organisation des Niederbachemer Lesetheaters seit 2011.
Im Buch: S. 41, 69, 120, 132, 134, 138, 153, 154

Didi Costaire, ein erpichter, stets reimender norddeutscher Dichter beschreibt hier ein Blatt und denkt sich ganz platt: »Die Wachtberger Kugeln, die kricht er.« (Verliert er indes diese Schlacht, merk dir, gibt es selbst jenseits von Wachtberg was, um sich zu kugeln. Du kannst Didi googeln und findest im Netz manches Prachtwerk.)
Im Buch: S. 183

Heike Dahlmanns wohnt in Gangelt/Kreis Heinsberg. Studium der Germanistik, Anglistik, Pädagogik und Philosophie in Bonn. Lange Jahre im politischen Bereich tätig, danach unterschiedliche Lehrtätigkeiten. Zahlreiche Veröffentlichungen von Kurzprosa und Gedichten in Anthologien. Ihr erster Gedichtband »Heitere Resignation« erschien im März 2017.
Im Buch: S. 114

Günter Detro kritzelte schon als Schüler Gedichte in seine Lateinbücher. Auch als Lehrer verfasste er zahlreiche Texte, von denen einige in Anthologien veröffentlicht wurden, wie zum Beispiel die humorvollen Gedichte »Reklamation« und »Wenn Rosen wogen« in »Rosenworte«, Ingelheim 2008. Er wohnt mit seiner Frau in Rheinbach.
Im Buch: S. 39, 104

Stefan Draeger, geboren 1945 in Meuselbach (Thüringen), aufgewachsen in Wuppertal-Vohwinkel, Studium der Zahnheilkunde in Tübingen, nach Bundeswehr und Assistenzzeit von 1976 bis 2014 in eigener Praxis in Tübingen als Zahnarzt tätig. Jetzt im dritten Lehrjahr Rentner.
Im Buch: S. 71

Alex Dreppec, geboren 1968. Über 300 Veröffentlichungen im deutschen und englischen Sprachraum – u.a. in »Hell und Schnell«, »Der Große Conrady« (seit 2008), regelmäßig in »Parody in Impression« (New York). U.a. Wilhelm Busch-Preis 2004. Erfand den Science Slam. Aktueller Gedichtband »Tanze mit Raketenschuhen« (chiliverlag, 2016).
Mehr Infos: www.dreppec.de
Im Buch: S. 152

Armin Elhardt, geboren 1948 in Stuttgart; lebt in Freiberg/N. Studium der Anglistik und Germanistik an der Uni Stuttgart. Nach den Mulus- und Flegeljahren als Musiker und Texter tätig, danach im höheren Schuldienst; lehrt, lernt und schreibt. Mitglied im VS B-W, Herausgeber und Macher der Edition Wuz *(www.edition-wuz.de)*.
Im Buch: S. 37

Stefanie Endemann, geboren 1950, kann nach vielen Jahren als Lehrerin endlich ihre wahren Hobbies finden, darunter das Schreiben.
Im Buch: S. 144

Christian Engelken, geboren in Hannover, Studium der Germanistik und Musikwissenschaft in Göttingen und Hamburg. Er publizierte bereits zwei Bücher, ein drittes ist in Arbeit; außerdem Veröffentlichungen in Zeitschriften und Anthologien, Rundfunkbeiträge, Postkartenprojekte, Installationen etc. Seine Lieblingsdichter sind Gottfried Benn und Erich Fried.
Mehr Infos: www.christian-engelken.de
Im Buch: S. 64, 135

Norman P. Franke ist ein in Deutschland geborener und in Neuseeland lebender Dichter, Germanist und Dokumentarfilmer. Zahlreiche wissenschaftliche Veröffentlichungen zur Exilliteratur sowie zur Aufklärung, Romantik und Ökopoetik. Lyrikveröffentlichungen in deutschen und neuseeländischen Zeitschriften und im NDR Radio.
Im Buch: S. 25, 170

Frederike Frei, geboren 1945 in Brandenburg, lebt in Berlin und hat sich mit ihrer Lyrikaktion »Gedichte als Lesezeichen im BaUCHLADEN« auf der Frankfurter Buchmesse bekannt gemacht. Bücher u.a.: »LOSGELEBT« (Lyrik, Literarischer Verlag H. Braun); »Unsterbl.ich« (Prosa, Verlag Dölling und Galitz); »BISSIGES GRAS« (Kindroman, Achter-Verlag).
Im Buch: S. 157, 169

Susanne Fuß, geboren 1968, aufgewachsen in Bonn, studierte Anglistik, Komparatistik und Amerikanistik. Nach Jobs im Theater arbeitete sie als Wissenschaftliche Dokumentarin im Hörfunk. Neben der Literatur gilt ihre Liebe auch dem Film. Seit 2012 arbeitet sie als freie Lektorin und Übersetzerin. Außerdem schreibt sie Drehbücher und Romane.
Im Buch: S. 107, 139, 157

Frank Giesenberg, geboren 1964 in Castrop-Rauxel, jetzt wohnhaft in Freiburg; Studium der Germanistik, Philosophie und Romanistik (Französisch) in Münster, Bochum und Freiburg; danach Tätigkeit als freier Lektor, Korrektor und Übersetzer für verschiedene Medienunternehmen.
Im Buch: S. 46, 53, 63, 111, 126, 176

Helmut Glatz, Rektor i.R., Spielleiter des Marionettentheaters »Puppenspiel Am Schnürl e.V.«, Gründer des Landsberger Autorenkreises.
Mehr Infos: www.helmutglatz.de
Im Buch: S. 155

Andreas Graf, geboren 1958 in Köln, Lyriker & Lehrer & Lektor, Dr. phil. habil. Veröffentlichungen (u.a.): »singen Brückenlieder« (3-R-Verlag 2016), »Ballaballa« – WM-Sonette (Hamburg 2013); »Meer und Mär und Mehr« (Poseidon Presse 2013); Gedichte in Sammelbänden, Periodika und Kalendern (Versnetze, Das Gedicht, Die ZEIT, Jahrbuch der Lyrik, EXOT u.a.).
Im Buch: S. 149, 161, 162

Peter Häring, geboren 1958, ist beruflich als Kaufmännischer Angestellter tätig. Er hat bereits zahlreiche Kurzgeschichten in Anthologien veröffentlicht und zählte mehrfach bei Prosa- und Lyrikwettbewerben zu den Preisträgern. Er betreibt zudem eine eigene Internet-Zeitung (»Ahnungslos – Zeitung für bos- und lachhafte Schreibkunst«; *www.ahnungslos-online.de*)
Im Buch: S. 78, 105

Uwe Hartmann, Jahrgang 1960, aufgewachsen in Spenge im Kreis Herford, heute im benachbarten Bielefeld zuhause. Mit meinem kritischen Bewusstsein versuche ich, das globale Treiben mit Humor zu nehmen, was jedoch von Tag zu Tag schwerer fällt. Als Lyriker bin ich inzwischen dem Versuchsstadium entronnen und werde hier und da ernst genommen.
Im Buch: S. 65

Jörn Heller wurde 1967 in Lüdenscheid geboren und lebt heute in Siegen. Dazwischen ließ er sich zum Theologen und Buchhändler ausbilden und geriet durch einen Abstecher in die Germanistik in den Bann der Lyrik, welche er seitdem selber verfertigt. Vorläufiges Ergebnis seiner Bemühungen: acht Bücher, von denen sieben im eigenen Verlag erschienen sind.
Mehr Infos: www.joernheller.com
Im Buch: S. 26, 41, 58, 91, 95, 113, 139, 143

Volker Henning, geboren 1949; Dipl.-Ing.-Päd. Sein literarisches Schaffen umfasst 12 Gedichtbände mit insgesamt ca. 1.500 heiteren Versen sowie drei humoristische Prosa-Werke. Auszeichnungen: 2013 und 2015 Wilhelm-Busch-Förderpreis (»Hans-Huckebein-Preis«) für die beste humoristisch-satirische Versdichtung.
Mehr Infos: www.volker-henning.de
Im Buch: S. 28, 103, 106, 122, 134

Jan-Eike Hornauer, geboren 1979, leidenschaftlicher Textzüchter (freier Lektor, Texter, Autor, Herausgeber), wohnt in München. Zuletzt erschienen: »Das Objekt ist beschädigt – zumeist komische Gedichte aus einer brüchigen Welt« (muc Verlag 2016) sowie die von ihm herausgegebene Lyrik-Sammlung »Wenn Liebe schwant« (muc Verlag 2017).
Mehr Infos: www.textzuechterei.de
Im Buch: S. 123, 141

JE lebt in Wiesbaden und veröffentlicht seit dem Jahr 2013 im Nebenberuf Gedichte und Kurzgeschichten. Bisherige Veröffentlichungen: »JE / Band 1-Gedichte«; jährliche Veröffentlichungen in diversen Anthologien sowie regelmäßige Herausgabe illustrierter Lyrik-Karten mit eigenen Gedichten *(Grafik: http://twohundred.de/karten.htm). kontakt@je-gedichte.de*
Im Buch: 121, 138

Birgit Jennerjahn-Hakenes, geboren 1968 in Heidelberg, lebt in der Nähe von Karlsruhe. Nach der Geburt ihres Sohnes 2007 stieg sie aus dem erlernten Beruf (Intensivfachschwester für Pädiatrie) aus und widmet sich seither dem Schreiben. Sie hat zahlreich in Anthologien veröffentlicht, bei Schreibwettbewerben gepunktet und unterrichtet »Kreatives Schreiben«.
Mehr Infos: www.wageundschreibe.de
Im Buch: S. 158

Harald Jöllinger, geboren 1973 in Mödling, lebt in Maria Enzersdorf (Österreich), schreibt Nonsens, schwarzhumorige Lyrik und Kurzprosa. Teilnehmer der Celler Schule 2007 und Gewinner des Irseer Pegasus 2013. Zahlreiche Veröffentlichungen in Anthologien und Literaturzeitschriften. 2008 im Memoiren-Verlag Bauschke erschienen: »Schlichte Gedichte«.
Im Buch: S. 47

Elisabeth Jumpelt, geboren 1924, lebt seit vielen Jahrzehnten in Wachtberg. Sie kann auf ein bewegtes Leben zurückblicken. In ihrem bisher unveröffentlichten Manuskript »Out of Holland oder Die geteilte Kindheit« erzählt sie die spannende Geschichte ihrer Kindheit in Holland und der Übersiedlung nach Deutschland vor Ausbruch des Zweiten Weltkrieges.
Im Buch: S. 50, 115

Harald Kainzbauer, geboren 1964, Diplom-Physiker, musste jedoch krankheitsbedingt seine berufliche Karriere frühzeitig beenden. Er lebt in München und bewahrt sich seine Lebensfreude mit häufigem Naturgenuss, mit Musik, Humor und nicht zuletzt mit dem Schreiben von Gedichten.
Im Buch: S. 23

Marlies Kalbhenn, Autorin und Verlegerin, publiziert seit 1999 Gedichte und Geschichten in eigenen Büchern und in Anthologien verschiedener Verlage. Zu den Auszeichnungen, die sie erhielt, gehört ein »Hans-Huckebein-Preis« für ihre Version der »Frommen Helene«.
Mehr Infos: www.marlies-kalbhenn.de
Im Buch: S. 125, 167

Bastian Klee, 25 Jahre alt, Erzieher, Hauptstadtbewohner, den es zumindest gedanklich ins Grüne zieht, Freund eines Spaziergangs, Verehrer einer fettigen Lasagne, fortwährender Rosenkohl-Kritiker. Glücklicher Papa seit fast drei Monaten.
Im Buch: S. 152

Andreas Kley, Jahrgang 1955, schreibt seit Jahren Gedichte und veröffentlicht sie im Internet in »Die Deutsche Gedichtebibliothek«, wo Zeitgenössisches neben Klassischem steht.
Im Buch: S. 23, 29, 64, 96, 97, 119

Georg Klinkhammer, geboren 1956 in Bad Münstereifel. Sein Deutschlehrer rüstete ihn schon früh mit dem notwendigen Werkzeug aus, um (Un)gereimtheiten zu Papier zu bringen. Nach langen Jahren der Schreibabstinenz, bedingt durch Beruf und Familie, lässt er heute wieder seiner künstlerischen Freiheit Lauf. Er wohnt in Erfurt und fühlt sich dort sehr wohl.
Im Buch: S. 43, 72, 98

Martin Köhler aus Wertheim schreibt Kurzgeschichten mit schwarzem Humor, politische Lyrik und kürzere Theaterstücke, außerdem die regelmäßige Kolumne »Stufen zum Nichts« im »Lichtwolf. Zeitschrift trotz Philosophie«. Er ist in seiner Heimat hie und da auf Lesungen zu hören.
Im Buch: S. 20

Michael Köhler ist Baujahr 1959 und wohnhaft in Ettlingen, Finanzwirt, u.a. Autor von Comic-Strips und Texten in Badischer Mundart.
Im Buch: S. 109

Elisabeth Kuhs, Ratingerin mit Berliner Wurzeln. Promovierte Literaturwissenschaftlerin und Theaterfrau. Als Autorin, Moderatorin, Kabarettistin und Diseuse in verschiedenen Literatur-Domänen unterwegs. Zahlreiche Veröffentlichungen in Anthologien, Zeitschriften, im Internet und auf der Bühne.
Im Buch: S. 43, 79, 84, 108, 148, 164

Katharina Lankers, Jahrgang 1962, hat als Mathematikerin normalerweise mit trockenen Daten, Fakten und Formeln zu tun. Doch nach Feierabend bringt sie gerne zu Papier, was ihre sprudelnden Synapsen an banal-philosophisch-abenteuerlich-absurd-romantisch-verqueren Texten absondern. Einige davon haben den Weg in die Öffentlichkeit gefunden.
Mehr Infos: www.katharina-lankers.de
Im Buch: S. 32, 90, 101, 136

Norbert Leitgeb, in Klagenfurt geboren und in Graz lebend, em. Professor der TU Graz, schreibt zum Ausgleich humorvoll-kritische Lyrik, Jugendbücher und Kurzprosa, die in Zeitschriften und Anthologien veröffentlicht wurden; dazu bisher 16 Bücher, zuletzt die Jugendbücher »Dämmerland« und »Gluttor zur Zahlenwunderwelt«.
Im Buch: S. 94

Evelyn M. Meessen, geboren 1958 in Jülich, studierte Deutsch, Geschichte und Sozialwissenschaften an der Universität Köln, lebt heute in Köln und arbeitet in Leverkusen als Realschullehrerin. Seit 1999 besitzt sie eine zusätzliche Facultas in »Praktischer Philosophie«. Sie hat bereits Kurzprosa und Fotografien im Kunstalmanach »FREIO« veröffentlicht.
Im Buch: S. 123

Jürgen Miedl, geboren 1988, Studium Geschichte/Pädagogik in Graz. Veröffentlichungen im Satiremagazin »Eulenspiegel«. 2017 Aufnahme in den »Verein der Freunde des Schüttelreims«. Seit 2012 Teil des Wiener Satirekollektivs »HYDRA!«, dabei u.a. folgende Publikationen: »Wien wie es wirklich scheint«; »Schwarzbuch Farben«; »How to be Österreich«.
Im Buch: S. 44, 111

Martin Möllerkies, Jahrgang 1961, ist Informatiker, lebt in Hamburg und veröffentlicht im keinVerlag. Er war Preisträger des Jury- und des Publikumspreises der »Wachtberger Kugel 2017«; seine Wettbewerbsbeiträge sind in der Anthologie »Die besten Kugel-Schreiber« erschienen.
Mehr Infos: www.keinverlag.de/moellerkies.kv
Im Buch: S. 17, 88, 127, 130, 142, 146, 147, 148, 170

Alexander Mühlen, geboren 1942 in Krefeld, verheiratet, drei Kinder, drei Enkel. Jurastudium in Bonn, Lausanne und Paris, Staatsexamina / Promotion 1965 bis 1971, danach Auswärtiges Amt, zuletzt Botschafter in Abu Dhabi und Uganda; Ruhestand 2007. Langjähriger Freizeitdichter. Letzte Publikationen: 5 Bände mit satirischen Sonetten (Windsor-Verlag 2015/17).
Im Buch: S. 124

Heike Nieder, geboren 1978 in Wuppertal, aufgewachsen im Schwarzwald und im Saarland. Nach Abitur und Freiwilligem Sozialen Jahr 1999 bis 2000 Besuch der Texterschmiede Hamburg und Juniortexterin. Danach Studium in Marburg. 2006 bis 2009 Volontariat und Redakteurin beim Weser Kurier Bremen. Seit Januar 2011 selbstständige Journalistin.
Mehr Infos: www.lyrikbrause.de
Im Buch: S. 160

Thomas Platzbecker, geboren 1951 in Magdeburg, Studium Jura, Wirtschaftswissenschaften, Französische, Spanische Philologie, Komparatistik, Philosophie, Ethnologie, Alt-Amerikanistik; 1987 M.A. (Romanistik, Komparatistik); beruflich als Übersetzer, Presse- und Öffentlichkeitsarbeiter tätig. Buch-Veröffentlichung: »Das Flottieren des Zweibeiners« (2000).
Im Buch: S. 124, 153

Stefan Pölt erschien 1962 in München in einer Auflage von einem Stück. Seine Herausgeber stellten kurz darauf (aus für ihn unerfindlichen Gründen) die Produktion ein. Beruflich hat er viel mit Zahlen zu tun, aber seine heimliche Liebe gilt dem Wort. Heute wohnt er mit seiner Familie in Hattersheim am Main und macht sich auf alles Mögliche seinen Reim.
Mehr Infos: www.stefan-poelt.de
Im Buch: S. 18, 48, 49, 56, 76

Joachim Rademacher-Beckmann stammt aus dem Sauerland und ist 60 Jahre alt. Er ist Lehrer für Deutsch und Geschichte (IGS Bonn-Beuel), hat Gedichte in der Zeitschrift »Literamus« (Trier) veröffentlicht und trägt sie auch bei Lesungen vor. Er ist Gründer und langjähriger Leiter des »Literaturkreises« in der Künstlervereinigung »Kaktus« in Lüdinghausen.
Im Buch: S. 26, 121, 128

Andrea Rau, geboren 1958, ist seit 1979 mit demselben Mann verheiratet. Eigentlich von Beruf Juristin, war sie zuletzt als Eheberaterin tätig. Sie hat ein Fernstudium im Biografischen Schreiben absolviert und engagiert sich als Lesepatin in Grundschulen. Veröffentlichung von Kurzgeschichten und Gedichten in diversen Anthologien.
Im Buch: S. 83

Horst Reindl, geboren 1939 in Karlshuld (Bayern), Diplomingenieur für Physik, viele Jahre als Programmmanager Raumfahrt tätig, davon drei Jahre in Toulouse/Frankreich, jetzt im Ruhestand. Zahlreiche Veröffentlichungen (Gedichte und Kurzgeschichten) in Anthologien und Zeitschriften; heiterer Bericht über Segeltörns: »Reindl segelt« (millemari, 2015).
Im Buch: S. 17, 27, 81, 100, 109, 131, 133, 175

Anne Riegler ist Pianistin und schreibt gerne in ihrer Freizeit. Sie studierte Klavier in Würzburg, Sankt Petersburg und New York, erhielt viele Preise und Förderungen und konzertiert regelmäßig. Am liebsten verfasst sie Kurzgeschichten, Novellen und (gereimte) Gedichte für jeden möglichen und unmöglichen Anlass.
Mehr Infos: www.anneriegler.com
Im Buch: S. 171

Wolfgang Rödig, geboren in Straubing, lebt in Mitterfels. Fachabitur, handwerkliche und kaufmännische Ausbildung. Seit 2003 ca. 220 Textveröffentlichungen in Anthologien, Literaturzeitschriften und Tageszeitungen.
Im Buch: S. 86

Manfred Rothengatter, geboren 1952 in Bad Kreuznach. Nach Ausbildung zum Bankkaufmann Berufstätigkeit bei der Postbank und bei der Post (Vertriebsbeauftragter, Trainer, Umweltschutzbeauftragter). Seit September 2014 Rentner. Lustige Gedichte schreibt er seit Mitte 2016.
Im Buch: S. 99, 140, 182

Edmund Ruhenstroth, geboren 1936 in Gütersloh. Nach der mittleren Reife als Holzbildhauer und Industriekaufmann tätig. Seit über 50 Jahren verheiratet, zwei Töchter. Mitglied im Autorenkreis Ruhr-Mark in Hagen. Zahlreiche Veröffentlichungen in Anthologien, Preise (u.a.): Gewinn des »Ennigerloher Dichtunsgrings« 2013 und »Dorstener Lesezeichens« 2011.
Im Buch: S. 28, 77

Nikos Saul, geboren 1992 in Rotenburg (Wümme), studiert Germanistik in Münster. Neben dem Schreiben von Lyrik- und Kurzprosatexten, die in Zeitschriften wie »Am Erker« und »um[laut]« veröffentlicht wurden, dreht er Filme mit der Produktionsgruppe »wenndienaturnichwill« und ist Mitglied im Shantychor Lunzburg von 1922 e.V.
Im Buch: S. 98

Fritz-J. Schaarschuh, Jahrgang 1935, Studium der Slavistik/Germanistik, Promotion und Hochschullehrer an der Universität Leipzig. Übersetzungswissenschaftliche und fachsprachliche Forschung und Lehre an der Handelshochschule Leipzig. Nach der Berentung ab 1993 vor allem als Aphoristiker und Buchautor tätig.
Im Buch: S. 112, 151

Christian Schomers, geboren 1953 im Ruhrgebiet, kam über die Musik ins Schwabenland. Er studierte Mathematik, Musikwissenschaft und Völkerkunde. Er unterrichtet Klavierschüler aller Altersstufen, komponiert Kindermusicals, hält Vorträge und schreibt Gedichte. Als Musiker ist er vielseitig tätig. Ihm gefällt die Verbindung von Musik und Wort.
Mehr Infos: www.christian-schomers.de und www.musical-mit-kindern.de
Im Buch: S. 92, 143, 178

Siegfried Schüller, geboren 1957 in Nürnberg, lebt in Mühlhausen a.d. Sulz/Oberpfalz und arbeitet zurzeit als Betreuer an einer Schule. Seine Gedichte und Kurzgeschichten wurden in zahlreichen Anthologien und Literaturzeitschriften veröffentlicht. 2017 erschien sein erstes Buch mit Kurzgeschichten: »Von Maulwürfen, Männern und anderen Tieren«.
Mehr Infos: www.worte-gegen-den-wind.de
Im Buch: S. 72, 184

Johann Seidl, geboren 1960 in Amberg (Oberpfalz). Aktuell tätig als Pressesprecher einer Forschungseinrichtung. Verschiedene Veröffentlichungen von Kurzgeschichten und Lyrik in Anthologien, Kreativblog unter *lebenswandeln.de*; Instagramm-Präsenz unter *www.instagram.com/lebenswandeln*.
Mehr Infos: www.lebenswandeln.de
Im Buch: S. 145

Angelica Seithe lebt in Wettenberg bei Gießen und in München. Sie arbeitet als Psychotherapeutin und Dozentin. Zuletzt erschien ihr Gedichtband »Im Schatten der Äpfel« (edition offenes feld, 2016). Zahlreiche Veröffentlichungen in Zeitschriften. Mehrfache Preisträgerin bei Lyrikwettbewerben (u.a beim Hildesheimer Lyrikwettbewerb 2012 und 2014).
Mehr Infos: www.angelica-seithe.de
Im Buch: S. 25

Udo Skomorowsky, geboren 1957 in Bad Godesberg, führte das legendäre Lokal »Südpol« in Kessenich und trat dort bereits regelmäßig als Liedermacher auf. Diese Kunst hatte er Anfang der 80er Jahre in Köln bei Klaus dem Geiger erlernt. Seit seiner Umschulung 2008 arbeitet er als Hörakustiker in Bad Godesberg. Er lebt mit seinem Kater in Bonn-Rüngsdorf.
Im Buch: S. 42

Günter Sopper, geboren in Fürstenfeld (Österreich), lebt seit 1975 als Theatermusiker, Komponist und Musikpädagoge in Deutschland und ist seit 1984 Wahl-Tübinger. Veröffentlichungen (u.a.): Gedichtband »durch dickicht rätsel dorn & röschen«, Tübingen 2004; »Lachpflichtversicherung« – Humoristische Texte, zum Teil verdichtet, Glödnitz 2017.
Mehr Infos: www.guenter-sopper.de
Im Buch: S. 19

Gerhard P. Steil, 65 Jahre alt, begann im zarten Alter von 47 Jahren damit, Gedichte und Kurzgeschichten zu schreiben, um sie nach und nach in Anthologien und den verschiedensten Printmedien unterzubringen. Inzwischen warten einige Buchmanuskripte geduldig auf ihre Veröffentlichung.
Im Buch: S. 159

Carsten Stephan, geboren 1971, lebt in Frankfurt am Main und schreibt komische Lyrik.
Im Buch: S. 57

Walther Stonet, geboren 1956 in Berlin, verheiratet, zwei Töchter, wohnhaft in Metzingen bei Stuttgart. Studium Politische Wissenschaften sowie Volks- und Betriebswirtschaft, Abschluss Dipl.-Volkswirt; Brotberuf: Management zweier Dienstleistungsunternehmen mit über 25 Mitarbeitern.
Mehr Infos: www.literaturport.de/Walther.Stonet/
Im Buch: S. 47, 100

Volker Teodorczyk, geboren 1953 in Herne, Nordrhein-Westfalen. Datenverarbeitungstechniker, im Ruhestand seit Februar 2017. Gedichte schreibt Volker Teodorczyk seit Juli 2011. Seine Werke finden sich in zwei eigenen Gedichtbänden mit den Titeln »Von Zeit zu Zeit« und »12Zeilig, Linksbündig« sowie in zahlreichen Anthologien wieder.
Im Buch: S. 67

Dirk Tilsner, Jahrgang 1966, Hobby-Autor (Deckname Tula), lebt in Portugal. Obwohl er im »richtigen Leben« einen ernsten Mann vorgeben muss, liebt er Narren jeder Art und versucht sich als solcher seit ein paar Jahren in einigen Lyrik-Foren. Sein Motto: *»Unter jedem Spaß liegt ein toter Ernst«.*
Im Buch: S. 24, 36

Peter Umland wurde vor siebenundfünfzig Jahren im Städtchen Wolfenbüttel geboren, das vor ihm bereits durch Gotthold Ephraim Lessing in die Annalen der Literatur eingeschrieben wurde. In jungen Jahren hat er Texte für das Satiremagazin »Titanic« sowie das Stadtmagazin »tip« geliefert. Seine Lieblingsautoren sind Thomas Mann und Robert Gernhardt.
Mehr Infos: www.blut-auf-den-saiten.de
Im Buch: S. 172, 173

Jens Urban aus Hamburg ist 46 Jahre alt, beruflich als Angestellter tätig. Er ist verheiratet und hat bislang noch keine Texte veröffentlicht.
Im Buch: S. 38, 130, 137

Michael Wäser lebt in Berlin. Nach seinen Romanen »Familie Fisch macht Urlaub« (2011) und »Warum der stille Salvatore eine Rede hielt« (2015) erscheint sein dritter Roman im Frühjahr 2018 bei Dielmann, Frankfurt. Ein Gedichtzyklus (zusammen mit Inka Bach) erscheint ebenso bei Dielmann. Wäser ist Stammautor der Pankower Lesebühne »SoNochNie«.
Mehr Infos: www.konsonaut.de
Im Buch: S. 82

Peter Weimer, Jahrgang 1961, freut sich täglich daran, dass Worte, Sprache & insbesondere Lyrik oftmals nicht nur eine Augen- & Ohrenweide sind, sondern auch ein zur Spielwiese eingesätes Experimentierfeld sein können.
Im Buch: S. 133, 150, 179

Jutta Wilbertz studierte Angewandte Theaterwissenschaft in Gießen. Sie ist Autorin, Sängerin und Musikkabarettistin und schreibt Kurzkrimis, Satiren, Kolumnen und Theaterstücke sowie deutsche Chansons und Bühnenprogramme, mit denen sie regelmäßig auftritt (Musikkabarett »Wilbertz & Kunz«). Sie lebt und überlebt mit Mann, Tochter, Hund in Köln.
Mehr Infos: www.jutta-wilbertz.de
Im Buch: S. 180

Die mitwirkenden Künstlerinnen und Künstler

Coverbild der ersten Anthologie »Die besten Kugel-Schreiber« (2017)
Norbert Bogusch, geboren 1951 in Bad Godesberg. Heute im Hauptberuf Sachverständiger, Inhaber eines Ingenieurbüros in Wachtberg-Niederbachem. In seiner Freizeit schafft er Aquarelle, Acrylmalereien und Federzeichnungen. Teilnahme an zahlreichen Sammelausstellungen, aber auch diverse Einzelausstellungen. Mitglied im Kunstverein Bad Godesberg.
Mehr Infos: www.norbertboguschmalerei.de

Trophäen Jurypreis (handgetöpferte »Wachtberger Kugeln«)
Peter Hansen, geb. 1965 in Meckenheim, Ausbildung im Töpferort Adendorf, 1990 Abschluss der Töpfer-Meisterprüfung in Höhr-Grenzhausen, 2000 gemeinsam mit dem Bruder Übernahme des elterlichen Töpfereibetriebs in Adendorf, seit 2005 Spezialisierung auf Produkte des *»Ceramic Design«* mit dem besonderen Markenzeichen der filigranen Leuchtkugeln.
Mehr Infos: www.phcd.de

Trophäen Publikumspreis (aus Holz gefertigte »Wachtberger Kugeln«)
Josef Kemp, geb. 1953 in Bad Godesberg, 1978 Meister-Ausbildung an der oberbayer. Fachschule für Schreiner und Holzbildhauer. Seit 1995 intensive Befassung mit Wuchs, Gestalt, Form und Farbspiel heimischer Hölzer in trad. Drechseltechnik, seit 2002 eig. Ausstellungsräume im ehem. Bauernhof und Durchführung überregionaler KunstHandwerksmessen (HofArt).
Mehr Infos: www.drehartkemp.de

Coverbild der Anthologie »Die besten Kugel-Schreiber 2018«
Maria Kontz, geboren 1953 in Niederkrüchten, Studium in Bonn, anschließende Berufstätigkeit in Bonn, Berlin und Essen. Regelmäßige Weiterbildung an Kunstakademien und Teilnahme an zahlreichen Ausstellungen im Rheinland. Sie lebt in Wachtberg und ist Mitglied im BBK Bonn-RheinSieg, im Kunstverein Bad Godesberg und Leiterin des Kunstkreises Wachtberg.
Mehr Infos: www.kunst-koma.de

Die Jury des Wettbewerbs

Hans-Jürgen Döring, 1943 in Frankfurt am Main geboren. Er lebt seit über 40 Jahren in Wachtberg-Berkum, ist verheiratet, hat zwei Kinder und sechs Enkel. Er ist Wachtberger Bürgermeister a.D., war Gründungsvorsitzender des Wachtberger Kulturfördervereins »Kunst und Kultur in Wachtberg« (»KuKiWa«) und ist Träger des Wachtberger Kulturpreises 2013.

Dieter Dresen studierte Germanistik und Romanistik in Bonn, war mehr als 30 Jahre Lehrer, inszenierte dabei zahlreiche Schultheater-Aufführungen, lebt in Wachtberg-Ließem, leitet den Wachtberger Büchereiverbund und organisiert in und für Wachtberg das »Rheinische Lesefest Käpt'n Book«, den Wachtberger Vorlesetag und Lesungen lokaler AutorInnen.

Herbert Reichelt, geboren 1951 in Herne, lebt seit 1986 im Rheinland und seit 2012 in Wachtberg-Berkum. Studium der Sozialwissenschaften in Bochum, ab 1983 in verschiedenen Funktionen für das Wissenschaftliche Institut der AOK und den AOK-Bundesverband tätig, zuletzt als Vorstandsvorsitzender. Als Autor schreibt er komische Lyrik und Krimis.
Mehr Infos: www.herbert-reichelt.de

Erwin Ruckes, geboren in Bad Godesberg, studierte Wirtschaftswissenschaft und Pädagogik in Bonn u. Zürich. Arbeitete als Lehrer, Musiker, Journalist und Geschäftsführer einer städtischen GmbH in Bonn und leitet als Chefredakteur und Herausgeber das Onlinemagazin BONNDIREKT.

Anja Rüdiger ist in Bonn geboren, in Wachtberg aufgewachsen und hat in Köln, Paris und Santander Übersetzen / Dolmetschen studiert. Fünfzehn Jahre lang hat sie in verschiedenen Verlagen als Lektorin und Programmleiterin gearbeitet. Seit 2011 ist sie als freie Übersetzerin, Lektorin und Literaturscout tätig und lebt mit ihrer Familie in Wachtberg-Ließem.

Michael Schmid-Ospach, geboren 1949 in Heidelberg, studierte Germanistik, Theaterwissenschaften und Psychologie in Köln. Er lebt in Wachtberg-Arzdorf, ist Journalist, war Sprecher des WDR und der ARD, stellvertretender Fernsehdirektor, moderierte das ARD-Magazin »Kulturweltspiegel« und war bis März 2010 Geschäftsführer der »Filmstiftung NRW«.

Hans Weingartz wurde im Rheinland geboren und studierte in Bonn Deutsch und Geschichte. Nach dem Staatsexamen war er 40 Jahre Lehrer. Seit vielen Jahren ist er Autor und Fotograf. Bildbände von ihm präsentieren Kunstwerke in Bonn und anderen Orten in Deutschland. Vor 25 Jahren gründete er den Kid Verlag.
Mehr Infos: www.Hans-Weingartz.de